Parlons-nous tous la même langue ?

Collection *Monde en cours*
créée par Jean Viard

www.editionsdelaube.com

ISBN 978-2-8159-6128-8

Frédéric Dabi
Brice Soccol

Parlons-nous tous la même langue ?

Comment les imaginaires transforment la France

éditions de l'aube

À ma mère, Josiane Dabi.
À Gilbert Dabi.
À Pisey.
F. D.

À Florentin, Esther et Emery.
À mes parents.
À Gabrielle.
À tous les amoureux de la France.
B. S.

Introduction

Local et national, national et local. Ces deux sphères constituent les deux dimensions de l'évaluation de l'action publique et de la parole politique par les citoyens. Elles coexistent plus qu'elles ne collaborent. Dans ce cadre, l'élection présidentielle de 2017 ayant porté à l'Élysée Emmanuel Macron après le « double 21 avril » subi par les candidats du PS et les Républicains a installé une véritable étanchéité entre le national et le local. Une étanchéité que le dernier scrutin présidentiel a même renforcé. D'un côté, la sphère nationale est dominée par des personnalités issues de partis – de Renaissance à la France insoumise, voire du RN – faiblement implantés à l'échelle locale. À l'inverse, le local demeure le lieu de la domination des partis historiques de la Ve République, pourtant malmenés et en difficulté récurrente nationalement : le Parti socialiste et les Républicains.

La fragmentation entre ces deux sphères ne s'arrête pas là.

L'une connaît une crise sans précédent dont on peine à imaginer une issue favorable. La sphère politique nationale pâtit en effet d'une défiance qui touche de plein fouet ses élus. Ces derniers peinent à prendre en charge et à répondre aux demandes citoyennes. Le spectacle de l'impuissance du pouvoir national à transformer le quotidien des Français, du moins à peser sur le cours des choses, fabrique une profonde défiance chez les Français, reflétée par une abstention structurelle, malgré le sursaut enregistré aux scrutins de juin et juillet 2024.

Cette défiance s'est transformée en colère lors des élections législatives des 30 juin et 7 juillet 2024, après la dissolution de l'Assemblée nationale par le président de la République. On ne dira jamais assez à quel point la décision présidentielle a été jugée incompréhensible, irréfléchie, voire irrationnelle. Elle a en quelque sorte « dissous » l'image d'Emmanuel Macron et ce qu'il restait d'atouts dans l'opinion à son encontre. La France du local – celle des communes rurales et des zones périphériques –, qui a massivement voté en faveur des candidats du Rassemblement national, est alors revenue avec force dans le paysage politique national et parlementaire. La « rectification » opérée au second tour grâce aux désistements de candidats du NFP ou du bloc central et au retour en force du Front républicain ne saurait atténuer cet état de fait.

À peine trois semaines après les élections européennes qui avaient déjà connu un sursaut de participation (51,49 %), le premier tour des élections législatives aura été marqué par une participation record depuis 1997, 66,7 % d'électeurs qui se seraient rendus aux urnes (près de 20 points de plus qu'il y a deux ans) ; ce sursaut de la participation sera confirmé au second tour avec un taux de 66,6 %. Sursaut citoyen anti-RN pour les uns, vote de colère et d'oubli pour les autres…, l'irruption du local dans la sphère parlementaire freinée par le Front républicain aura comme conséquence une Assemblée « introuvable », divisée en trois blocs quasi équivalents et sans majorité, situation inédite sous la Ve République.

Au-delà de la fièvre électorale du juin-juillet dernier, demeure un invariant : la sphère locale apparaît alors encore plus aujourd'hui parée de toutes les vertus. Ses élus bénéficient de la confiance majoritaire de leurs administrés dans la mesure où ils parviennent encore à matérialiser la « promesse du politique » telle qu'elle émerge de notre imaginaire hexagonal. Ces élus locaux, en particulier les maires, transforment le quotidien des Français. Pour reprendre la célèbre antienne mitterrandienne, ils changent la vie et ainsi entretiennent le lien de confiance entre représentants et représentés.Cette dichotomie national-local, très largement intériorisée par les Français, conduit à la célébration continuelle du local dans le champ politique, et surtout dans la sphère médiatique. Le local serait le lieu des bons constats, de la bonne méthode et des bonnes solutions.

Bien entendu, cette vision présentant un triomphe du local se doit d'être nuancée. D'une part, ce primat du local opère presque par défaut face aux échecs répétés des élus nationaux à satisfaire les attentes citoyennes. D'autre part, une forme de défiance commence à « contaminer » le regard de l'opinion sur la sphère locale, scepticisme que les enquêtes de l'Ifop réalisées à l'échelle municipale dans de nombreuses communes à l'occasion du mi-mandat communal enregistrent. Face aux angoisses protéiformes ressenties par une partie désormais majoritaire des Français, le niveau d'attente des administrés face à leurs élus croît fortement pour devenir exigence ou impératif de résultats.

Cette pression, on le sait, alimente le malaise des élus locaux face aux citoyens, voire constitue la principale raison d'une tentation « d'exit » de leur part. 55 % des maires récemment interrogés dans une enquête de l'Ifop[1] envisageaient de ne pas se représenter devant les électeurs au scrutin municipal de 2026.

1. Ifop pour Hellio et Acteurs Publics, « Les élus locaux face à la hausse des coûts de l'énergie : quel impact dans les territoires ? », une étude à laquelle 609 maires représentatifs de l'ensemble des collectivités de France ont répondu entre le 20 octobre et le 10 novembre 2022.

Pour autant, en dépit de ces éléments de nuance, le primat du local doit être questionné. Il s'agit par exemple de comprendre comment les grands enjeux, les grandes thématiques qui comptent dans la vie quotidienne des Français sont appréhendés et perçus à l'échelle locale. Quelles images leur associe-t-on ? Quels termes ou mots sont mobilisés pour les évoquer ? Quels schémas de perception se font jour dans le discours des Français ? Quels types de solutions expriment-ils ?

C'est dans ce cadre que les auteurs se sont intéressés à la « traduction » locale des grandes questions hexagonales, la plupart du temps traitées nationalement par la sphère politico-médiatique. Pour parvenir à faire émerger ces mots du local associés aux enjeux contemporains, l'analyse d'enquêtes d'opinion quantitatives est pertinente mais trouve rapidement une limite : un sondage demeure un instrument de mesure des opinions, mais ne peut que marginalement permettre de comprendre les fondements d'un discours, faire émerger des imaginaires autour d'un thème ou d'une idée et mettre en perspective les propos spontanés des Français. Cette notion d'imaginaire est à cet égard centrale pour rendre compte de la façon dont les Français perçoivent et s'approprient les grands enjeux de l'heure. Le politologue Stéphane Rozès dans son ouvrage *Chaos. Essai sur les imaginaires des peuples* rappelle à juste titre que « chaque peuple est mû par un inconscient collectif, un imaginaire pérenne qui lui permet de s'approprier le réel sans cesse changeant au travers d'images, représentations, symboles, croyances… rapports sociaux et géopolitiques[1] ».

C'est pour ces raisons que nous avons recouru à une démarche qualitative. Deux réunions de groupe d'une dizaine de personnes ont été menées en novembre 2023. Pendant trois heures, des Français issus de grandes villes, de la ruralité et de communes périurbaines se sont exprimés spontanément sur une vingtaine d'enjeux qu'ils rencontrent dans leur quotidien. Nous nous sommes principalement intéressés aux mots utilisés, aux raisonnements avancés et à l'identification de nuances ou de clivages entre ces citoyens urbains et ruraux, s'agissant de ces thématiques nationales et locales. Écoutons les Français et essayons de comprendre dans quelle mesure la longue séquence électorale permise par la dissolution du 9 juin aura pu exacerber espoirs, doutes et confusions parmi nos concitoyens.

---

1. Stéphane Rozès, *Chaos. Essai sur les imaginaires des peuples*, Paris, Le Cerf, 2022.

Souveraineté

L'histoire des mots est toujours instructive. Celle de « souveraineté », qui serait apparu dans la première moitié du XIIe siècle[1], rappelle que ce terme fut dès l'origine synonyme d'autorité, de pouvoir suprême, de ce qui se situe au sommet. En 1580, Montaigne parlait de la souveraineté comme d'un « pouvoir de domination ou de décision sur quelque chose ou quelqu'un, emprise sur[2] ». Comment dès lors notre imaginaire collectif n'aurait-il pas été déterminé par cette connotation lorsque nous entendons ce mot ? Et pourtant, perçue comme une garantie de liberté, la souveraineté s'est inscrite progressivement dans un cadre territorial, détenue par le peuple dans nos démocraties. L'article 3 de la Déclaration des droits de l'homme et du citoyen de 1789 nous rappelle que « le principe de toute souveraineté réside essentiellement dans la Nation ».

1. https://www.cnrtl.fr/etymologie/souveraineté.
2. Michel de Montaigne, *Essais*, I, XXVIII, P. Villey et V.-L. Saulnier, Paris, PUF, 2004, p. 191.

Quelle perception les Français ont-ils de cette notion de souveraineté aujourd'hui ? L'attendent-ils là où la sémantique politique la positionne ? Notre étude montre un paradoxe, comme s'il existait une double perception. La première, celle d'un mot immédiatement mis à distance dont le sens semble « peu précis, techno, voire abstrait ». Émerge la vision d'une notion qui a un côté désuet, presque anachronique pour beaucoup, peu utilisée au quotidien.

Mais aussi un mot qui semble encore synonyme de puissance – la notion de « pays souverain » étant entendue comme le fait d'appartenir « au club des grandes puissances occidentales ». Cette idée de puissance et de ressources se caractérise très concrètement à deux niveaux. Tout d'abord, dans un cadre international avec un rôle dans l'Union européenne, une voix dans le monde : « Ça me fait penser au fait de s'imposer, d'être libre, d'être fort. » Puis dans un cadre national avec un certain niveau d'autonomie : « C'est lié à l'identité, au patrimoine, à l'industrie… » Au final, le sens donné à la souveraineté restait imprécis et protéiforme, mais la pandémie de Covid-19 a marqué une inflexion significative.

En effet, nous nous souvenons tous d'avoir été marqués, parfois même touchés pour certains, par ce juin 40 sanitaire avec la pénurie de paracétamol ou de produits anesthésiants nécessaires à la réanimation durant la crise de Covid-19. En réponse, le président de la

République, Emmanuel Macron, affirmait le 31 mars 2020: « Nous devons rebâtir notre souveraineté nationale [...], retrouver la force morale et la volonté pour produire davantage en France. » Des annonces ont été faites avec un fil rouge: la souveraineté industrielle. Un thème revendiqué tant en France que dans l'Union européenne depuis 2017.

De la période liée au Covid-19, l'imaginaire autour de la souveraineté a profondément évolué. D'une part, la souveraineté économique marquée par l'objectif affiché de relocaliser à court ou moyen terme les activités les plus stratégiques s'est substituée au protectionnisme, voire l'a effacé, dans le discours des Français. Très connoté politiquement, situé dans les marges des extrêmes et associé à des événements faiblement désirables (Brexit, élection de D. Trump), ce concept peinait à être approprié dans l'opinion et à émerger dans la hiérarchie des préoccupations des Français.

D'autre part, les « bonnes nouvelles » annoncées par des politiques en matière de souveraineté industrielle agissent comme un élément de réassurance puissant pour les Français, permettant de mettre provisoirement à distance le ressenti massif du déclin hexagonal. À cet égard, une enquête Ifop réalisée pour l'UIMM[1] révélait le lien établi dans l'opinion

1. Ifop pour UIMM, « Les Français et l'industrie », 31 mars 2022.

entre désindustrialisation et déclin des territoires : 7 Français sur 10 reliaient ce dernier à la fermeture des principales industries et aux délocalisations.

D'autres résultats de cette étude révèlent à quel point l'affirmation d'une souveraineté industrielle constitue une arme antidéclin[1].

Parallèlement, nous pourrions également mentionner le thème de la souveraineté technologique autour de l'intelligence artificielle et celui de la souveraineté énergétique fondée sur la notion d'indépendance et d'autonomie comme réponse à la crise que nous avons traversée lors de l'hiver 2022 et en 2023. Ce sujet apparaît dans notre étude avec une forte inquiétude et l'impression que la France perd de la souveraineté en ce qui concerne la capacité de production, mais également du point de vue de l'image, de la crédibilité, de son statut de grande puissance.

Par ailleurs, la souveraineté économique et politique mise à mal est perçue différemment entre ruraux et urbains.

Chez les ruraux, les enjeux de souveraineté font l'objet d'une association négative avec

1. Pour près de 9 Français sur 10, retour à la souveraineté industrielle et réindustrialisation favoriseraient l'augmentation de l'activité économique dans les territoires (93 %), la création d'emplois, notamment pour les jeunes (93 %), et la préservation de l'indépendance économique de la France (91 %), voire une relance de l'innovation (91 %).

l'Union européenne, où il y a des contraintes, notamment en matière budgétaire : « Pour moi, c'est une entrave à la souveraineté. À cause de la réglementation. Et ils nous obligent à fonctionner comme les autres pays européens. » En revanche, il est intéressant de constater que les urbains s'orientent très spontanément vers la notion de liberté individuelle ; comme si pour un grand nombre de Français, la souveraineté de l'État, l'action publique, le maintien de l'ordre public ou encore la multiplication des normes finissaient par porter atteinte au respect des libertés individuelles, au libre arbitre. « À mon avis, la souveraineté, c'est aussi une notion individuelle. On parle de la France, mais il y a aussi la souveraineté de l'individu puisque finalement, la souveraineté, c'est la capacité à décider de son avenir et à avoir de l'influence réelle sur ses actes. » Cette crise de la souveraineté chez les urbains se caractérise également par la perte de sens « des projets collectifs », à l'échelle nationale, comme au niveau professionnel. Comme si cette crise de la souveraineté ramenait à soi, à sa capacité d'agir autrement autant dans l'espace public que politique. Si la souveraineté est apparue dans la langue française pour signifier la puissance, force est de constater qu'elle recèle par certains côtés notre impuissance – ce qui a d'ailleurs été souligné dans l'étude, avec le sentiment de ne pas pouvoir commencer quelque chose ou innover.

Finalement, nous pouvons constater une crise de la souveraineté, menacée pour les uns, épuisée pour les autres, comme si cette notion n'était plus portée par un projet collectif. Un défi ou une opportunité ? Cela peut être l'occasion de s'engager activement dans un processus participatif et politique nouveau afin de définir un projet commun ou de renforcer le sentiment d'appartenance et d'engagement vers des communautés diverses.

Tranquillité

À la lecture des propos des Français rencontrés, force est de constater que la notion de tranquillité ne renvoie que très rarement à un univers autour de la sphère privée ou intime. Au contraire, quasi immédiatement, la notion de tranquillité renvoie à des problématiques collectives et citoyennes, que ce soit la sécurité ou une somme de risques et de nuisances pouvant affecter la tranquillité de l'esprit. Sont évoqués autant de risques renvoyant aux différents chocs connus par le pays ces dernières années : risques sanitaires, inflationnistes, risques liés à la gouvernance politique, climatiques ou internationaux. Dans ce cadre, le fait d'avoir « l'esprit tranquille » est indirectement associé au fait de vivre dans un écosystème de services (publics, financiers, etc.) fonctionnels : « Pour moi, la tranquillité, c'est quand on a géré tous les risques, pas que des trucs graves, mais le risque financier par exemple ou des choses plus simples : savoir que nos enfants sont bien scolarisés, etc., que les choses fonctionnent. »

Pour autant, c'est la thématique sécuritaire qui domine les discours. La tranquillité glisse vers la notion d'intranquillité. Cela ne constitue en rien une surprise. La sécurité, que l'on parle de menaces terroristes, d'incivilités, de protection des biens ou de lutte contre la délinquance, figure avec la santé et le pouvoir d'achat dans le trio de tête des préoccupations des Français[1].

Cet enjeu autour duquel le clivage gauche-droite auparavant déterminant s'est effondré se nourrit de deux dimensions. D'abord, c'est l'impression massivement partagée d'une augmentation tous azimuts de l'insécurité avec une progression des violences. Ce ressenti se double du sentiment d'impunité. La lutte pour la tranquillité des citoyens appréhendée il y a encore quinze ans, notamment sous le quinquennat de Nicolas Sarkozy, comme un enjeu de police est devenue un enjeu de justice. C'est l'insuffisante réponse pénale, la sanction trop faible de la délinquance, qui constitue désormais pour une majorité de Français l'explication première de la dégradation de la sécurité. « Il y a plus de violences qu'avant. La peur de la police aussi s'est dégradée, la sensation d'impunité face à la justice. Tout est sujet dans les infos à parler de violences. »

1. Cf. Ifop-Fiducial pour Sud Radio, baromètre sur les enjeux prioritaires des Français, « L'état d'esprit des Français en 2024 », janvier 2024.

Parallèlement, les échecs des pouvoirs publics perçus par les Français en matière de lutte contre l'insécurité renvoient à une perte d'autorité de l'État. Quand on interroge les Français sur les faits d'insécurité qui les ont marqués au cours des dernières années dominent dans leurs souvenirs, certes, des faits divers affreux (l'affaire de la petite Lola, les crimes de Nordhal Lelandais l'assassinat du jeune Matisse à Châteauroux). Mais également sont restitués des faits dont les victimes étaient des personnes dépositaires objectivement ou symboliquement d'une part d'autorité de l'État : pompiers attaqués dans une cité, maires violentés, voire assassinés, chauffeurs de bus municipaux… À travers ces profils, on déplore dans les discours des attaques contre l'État et l'incapacité de ce dernier à restaurer son autorité. On n'oserait écrire à se réarmer.

Enfin, à l'affaissement du clivage gauche-droite en matière de sécurité a succédé une montée du clivage de genre autour de cette notion d'intranquillité avec un discours spécifique exprimé par les femmes. Venant confirmer les sondages mettant en relief un niveau d'intérêt beaucoup plus élevé sur l'insécurité de la part des femmes, la problématique de l'insécurité ou de l'intranquillité semble particulièrement concerner les femmes et/ou les hommes s'inquiétant pour leur entourage féminin. « On ne se sent pas en sécurité en tant que femme. Moi, j'évite de sortir après 20 heures. »

« Je me reconnais exactement dans ce qu'elle dit : je ne me sens jamais vraiment "tranquille" en ville, surtout le soir et dans les transports. J'ai l'impression d'être toujours un peu sur le qui-vive. » « En tant qu'homme, je ne m'inquiète pas tellement pour moi, mais pour ma copine quand elle fait ses trajets tard pour le boulot… » « Aujourd'hui, dans des grandes villes, les femmes sont tout le temps emmerdées par des cons. C'est vrai que c'est moins le cas pour les hommes. »

Aussi, un continuum entre l'intranquillité et l'insécurité se fait jour. La problématique de tranquillité dans la population féminine se confond avec les « microfrictions » pouvant avoir lieu dans l'espace public. « Et puis au-delà du danger réel, en fait, on est toujours interpellées dans la rue, donc, rien que pour ça, on n'est jamais tranquilles. » Et notamment parce que certaines donnent le sentiment de pouvoir dégénérer à tout moment sans rapport avec l'enjeu initial : « Enfin, je ne sais pas, en tant que femme, on a peur de, enfin, pas de dire non, mais quelqu'un qui vient t'aborder, tu dis, "bah non je ne suis pas intéressée", tu vas te faire insulter, te prendre une baffe. »

Sans surprise, des spécificités se font jour selon le territoire et le type de commune. Chez les ruraux, la notion de tranquillité semble d'abord s'opposer au mode de vie urbain : « L'inverse de la tranquillité pour moi, ce serait l'agitation, le stress, le bruit… »

Plus précisément, le ressenti de l'insécurité des ruraux opère en fonction de ce que l'on perçoit ou de ce que l'on imagine de la situation dans les centres urbains. Domine ainsi l'idée que les problématiques d'insécurité en campagne se distinguent à l'avantage de celles-ci avec moins de « phénomènes de bandes » (référence aux émeutes de l'été 2023), moins de dégradations de l'espace public (troubles et manifestations), moins de délinquance quotidienne, d'incivilités ou de tensions. « Il y a moins de jeunes qu'en ville, moins de monde, forcément… »

La différence provient de la perception de davantage de cambriolages dans les campagnes : « En campagne, il y a des pros, beaucoup de cambriolages, quand même. Avec des profils assez professionnalisés. Moi, j'en entends toujours parler autour de moi. Même dans des petits villages de 200 habitants, il y a des vols ! »

Mais là aussi se fait jour une différence de nature des phénomènes associés en ville et en campagne chez les ruraux. Ces cambriolages constituent une « constante » dans le temps. Ils sont organisés par un public « professionnalisé », animé par des intentions claires, lisibles, etc. : « En ce qui me concerne, ça a toujours été comme ça. Moi, j'ai une application, *PanneauPocket*, qui nous informe quand il y a un cambriolage à proximité : ils disent “faites attention, il y a des cambriolages dans votre commune” ».

À l'inverse, l'insécurité urbaine semble davantage s'apparenter, selon eux, à des actes totalement imprévisibles et gratuits : « En ville, ce sont les violences physiques, la délinquance, l'agression pour un simple regard… En campagne les cambriolages, en ville les braquages ! »

Chez les urbains rencontrés, la notion de tranquillité renvoie à l'accès à des « ressources rares » en ville, notamment l'espace et le calme : « Le calme. La sérénité. L'espace. La tranquillité d'esprit. Le silence. C'est une ressource rare. »

Mais très vite, la tranquillité glisse vers l'insécurité. Celle-ci donne l'impression d'être plus marquée que par le passé, mais aussi d'une manière relativement plus importante qu'ailleurs ou que dans d'autres pays, notamment les pays frontaliers : « Moi, je suis partie vivre un an à l'étranger, en Espagne. Pendant mes études, à Valence, je n'ai jamais été aussi sereine, tranquille. Je prenais les transports, etc. Or, ici, à Lyon, le soir à partir de 20 heures, je ne sors plus. J'ai peur des embrouilles. »

À l'instar du discours exprimé par les ruraux, l'imprévisibilité des actes de violence ou le fait que tout puisse basculer en un instant contribuent à enraciner l'insécurité comme attente prégnante d'action et de résolution adressée aux pouvoirs publics.

En outre, venant comme se surajouter à cette angoisse, le risque terroriste se révèle très présent à l'esprit – uniquement chez les urbains – et ne constitue pas seulement une vague de peur en arrière-plan : la menace terroriste peut donner lieu à des modifications de comportements, etc. « Les attentats, ça m'embête vraiment parce que ça m'empêche de faire certaines choses. Moi, j'aurais envie de faire, par exemple, des concerts, je n'y vais pas, des spectacles, je n'y vais pas parce que j'ai peur, ou même d'emmener mes enfants. »

Rappelons à cet égard que 83 % des Français dans un récent sondage Ifop pour Elnet[1] considéraient la menace terroriste en France comme élevée. Signe ultime de cette mutation de la tranquillité d'enjeu privé à la question publique.

---

1. Ifop pour Elnet, « Le regard des Français face à la menace terroriste islamiste », échantillon de 1 206 personnes interrogées en ligne les 5 et 6 mars 2024.

Europe

Parmi les personnalités qui ont marqué les Français, Jacques Delors, décédé le 27 décembre 2023, restera dans les mémoires comme une figure incontournable de la gauche française, mais surtout comme l'un des principaux architectes de l'Union européenne. Le 5 janvier 2024, le président de la République lui rendait hommage en ces termes : « Le visage de l'Europe d'aujourd'hui, Jacques Delors a contribué à le dessiner, trait par trait. Avec la confiance du président Mitterrand et du chancelier Kohl, de notre Europe, disait-il : elle nous appartient, autant que nous lui appartenons, et il nous appartient de poursuivre. »

Pourtant, en cette année d'élections européennes, la relation des Français avec l'Union européenne est toujours ambivalente, avec un euroscepticisme fort dans le monde rural et périurbain, même si la tendance à reconnaître les bienfaits de l'Union européenne est devenue majoritaire : 59 % des Français estimaient en juin 2023 que « la France est plus forte grâce à son appartenance à l'UE[1] ».

L'Europe reste donc un sujet de clivage fort, comme l'histoire politique française nous l'a montré avec le traité de Maastricht en 1992 adopté à moins de 51 % de oui, le rejet du traité établissant une constitution européenne en 2005, même si on peut dégager un socle commun se référant à l'histoire : « L'Europe, c'est la paix… Nous sommes plus forts à plusieurs, c'est un pôle à consolider pour maintenir les équilibres géopolitiques. » Pour certains, c'est une Europe qu'il faut consolider, « mais on ne va pas assez vite, ni assez loin… Tant que chaque pays continuera à protéger férocement ses intérêts immédiats, il y a peu de chance que l'on soit vraiment efficace ». Ces urbains se retrouvent sur le slogan de Thomas Piketty : « Aimer l'Europe, c'est vouloir la changer. » Ils pourraient être classés dans les « déçus positifs », alors que d'autres, européens, semblent avoir aujourd'hui renoncé et pourraient être nommés « déçus résignés ». Ils sont nombreux à avoir ainsi évolué, affirmant par exemple : « Il n'y a plus d'Union européenne, pour moi, c'est chacun pour soi ! L'Union européenne

1. Ifop-Fiducial pour le *JDD* et Sud Radio, « Radioscopie de l'électorat du Rassemblement national. Vague 4 », sondage auprès d'un échantillon, représentatif de la population française âgée de plus de 18 ans, de 3008 personnes interrogées en ligne du 12 au 15 juin 2023.

perd sa crédibilité d'année en année. » Émerge également le sentiment d'une Europe devenue totalement atlantiste : « Elle est trop alignée sur les positions américaines et perd son poids dans les relations internationales... » Ou encore l'Europe est perçue comme une administration et moins comme un idéal : « C'était une belle idée qui a engendré une hydre tentaculaire qui ne sait que produire des contraintes. »

Enfin, il existe aujourd'hui dans l'opinion une remise en cause des pratiques institutionnelles européennes : « L'idée est bonne, mais la manière dont elle est structurée et gouvernée est mauvaise... L'Union européenne ne répond pas, plus ou mal, aux raisons pour lesquelles elle a été fondée. » Cette défiance à l'égard des institutions européennes a certainement pour origine un déficit politique et civique traduisant un manque de légitimité et de confiance. Ce déficit s'est tout de même réduit dans le contexte post-Covid-19 et de la guerre en Ukraine au cours duquel l'incarnation des institutions européennes a davantage été visible par les Français.

Historiquement, ce mouvement de défiance à l'égard de l'Union européenne commence lors de la ratification du traité de Maastricht en 1992, voire au moment des premiers élargissements de l'Europe des Neuf (Grèce puis Espagne et Portugal) ; il va politiser et cliver la question européenne. Commence alors la période des « déçus résignés », majoritairement urbains, et de leur décrochage progressif. Les peuples européens vont progressivement user de leur pouvoir de décision et de vote. À l'échelle européenne, les citoyens vont commencer à vivre une période de doute après 1992, au moment où l'Union européenne renforce ses pouvoirs politiques. En effet, les avertissements répétés adressés par les citoyens avec sept rejets référendaires, la progression continue de l'abstention aux élections européennes – excepté l'élection de 2019 –, mais aussi les succès électoraux de partis souverainistes et populistes créent une atmosphère de défiance à l'égard des institutions européennes.

De même, l'évolution du contexte international, marqué par le Brexit, la pandémie de Covid-19, les changements climatiques, les tensions économiques, les conflits armés, les migrations, la guerre en Ukraine, a créé de nouvelles attentes relatives aux politiques nationales et européennes.

Nous pouvons néanmoins souligner un paradoxe. Si le débat public s'inscrit de plus en plus à l'échelon européen, l'impuissance de l'Europe à répondre aux inquiétudes sociales, économiques ou sécuritaires d'une majorité de citoyens entraîne une forte défiance exacerbée chez les ruraux. Ces derniers pointent la vision d'une Europe bureaucratique, déconnectée des réalités territoriales, « trop loin de nos préoccupations », une Europe contraignante qui « produit des normes à n'en plus finir ». Loin du mythe de « l'auberge espagnole » de la génération Erasmus, l'imaginaire de l'Europe dans la ruralité et le périurbain s'inscrit dans une remise en cause d'un modèle de société. C'est le rejet d'une Europe perçue comme « néolibérale, cosmopolite, interventionniste, bureaucratique… ». Un refus entretenu et exploité par une partie de la classe politique, et qui s'est, par exemple, cristallisé le 11 mai 2023 autour d'une proposition de loi visant à rendre obligatoire les drapeaux français et européens sur la façade des mairies.

Après des échanges houleux, des amendements ont assoupli le texte initial, n'obligeant pas les petites communes (de moins de 1 500 habitants), c'est-à-dire 70 % des villes françaises, à mettre le drapeau européen sur le fronton de ces mairies.

Si dans la ruralité les citoyens ne ressentent pas directement les bénéfices des politiques européennes, le rejet de l'Union européenne s'illustre également par l'image d'une organisation corrompue, renforcée en décembre 2022 par l'histoire du « Qatargate » et le poids des groupes de pression sur les politiques publiques européennes : les mots « gaspillage, détournement de fonds, mépris des peuples… » reviennent dans les discours à plusieurs reprises. Des sentiments exacerbés certainement par le contexte socio-économique, l'inflation et le discours des populistes.

Cette défiance s'inscrit également dans une dimension économique, même si l'euro a remporté la bataille des opinions publiques. Certaines personnes interrogées ressentent une « perte de pouvoir d'achat depuis la création de l'Europe » ; des propos à contextualiser avec une inflation record depuis deux ans qui a provoqué un recul du niveau de vie jamais vu depuis les années 1970. Les personnes interrogées ont été marquées par la crise grecque en 2009, l'une des plus grandes crises de l'Union européenne. À l'époque, le pays avait annoncé qu'il risquait de faire défaut sur sa dette, menaçant ainsi la viabilité de l'ensemble de la zone euro. Afin d'éviter la faillite de l'État grec, l'Union européenne et le Fonds monétaire international ont débloqué des centaines de milliards d'euros de fonds d'urgence. Une intervention européenne qui a entraîné la mise en œuvre d'une politique d'austérité et une augmentation de la pauvreté qui se ressent encore aujourd'hui.

Lorsque l'on pose la question « Quelle image ou quel ressenti de l'Europe avez-vous ces dernières années ? », on peut noter majoritairement chez les personnes interrogées : une réponse désordonnée et insuffisante face à la crise des réfugiés, la référence à la pandémie avec, disent-ils, « une Union européenne dépassée par les initiatives nationales des États membres et la prise de conscience d'une perte de souveraineté, d'un retard technologique », enfin « une montée des inégalités sociales » dans un contexte inflationniste et de crises géopolitiques.

Ces imaginaires et perceptions majoritairement négatifs ne sont pas corrigés par l'adoption du plan de relance européen de l'économie de juillet 2020 ; un plan qui restera probablement dans l'histoire comme une décision majeure de l'Union européenne. Il est à noter qu'un tiers des 1 800 milliards d'euros d'investissement de ce plan de relance vont servir à financer le *Green Deal* européen afin d'atteindre la neutralité climatique d'ici à 2050.

Cette transition énergétique du continent européen sur laquelle va reposer notre nouveau modèle économique implique de nombreux changements structurels, tant pour l'État que pour les entreprises. Mais là encore, si la politique climatique est aujourd'hui une priorité pour l'Union européenne, sa mise en œuvre a créé des divergences, illustrées en mai 2023 par la demande de certains chefs d'État, dont celle d'Emmanuel Macron, de faire une « pause » dans la réglementation européenne sur les enjeux climatiques. Elle conduira au printemps 2024 à la colère des agriculteurs européens.

La politique climatique de l'Union européenne illustre bien le fait que les politiques publiques de l'Union européenne sont désormais devenues clivantes et sociétales ; il en est de même sur les thèmes comme l'immigration, la santé, la protection sociale, la fiscalité, la politique étrangère… On peut donc en tirer deux observations. D'une part, l'Union européenne se politise, et peut-être que le moment est venu de repenser la démocratie européenne et ses institutions ; d'autre part, inciter les gouvernements nationaux à ne plus présenter l'Europe comme une entité au-dessus de l'État, mais comme une société dans laquelle les citoyens font pleinement partie et qui leur apporte des avantages dans leur vie quotidienne.

Immigration

La question migratoire ne constitue pas formellement le cœur des préoccupations des Français. Dans la hiérarchie des sujets prioritaires[1], l'immigration n'émerge qu'à la dixième place, reléguée à plus de 20 points par le quatuor « santé, hausse des prix et pouvoir d'achat, éducation, lutte contre le terrorisme et la délinquance ». Pour autant, ce sujet recèle une dimension polémique, voire inflammable, quand il surgit dans l'agenda politico-médiatique par rapport à ce que l'opinion a largement intériorisé. Ainsi, 82 % des Français interrogés dans une enquête de juin 2023[2] considéraient que l'immigration est

1. Ifop-Fiducial pour Sud Radio, « Balise d'opinion #245. Les thèmes prioritaires des Français pour les mois qui viennent », échantillon de 1002 personnes interrogées en ligne les 28 et 29 novembre 2023.
2. Ifop-Fiducial pour Sud Radio, « Balise d'opinion #299. Le regard des Français sur l'immigration », échantillon de 1003 personnes interrogées en ligne les 13 et 14 juin 2023.

« un sujet dont on ne pouvait pas parler sereinement en France ».

Par ailleurs, les récents débats autour du projet de loi gouvernemental sur l'immigration ont révélé un spectaculaire décalage entre le personnel politique dont les positions et les postures sur l'immigration demeurent très indexées sur l'appartenance partisane et les points de vue de l'opinion publique. En effet, s'agissant du regard des Français sur la thématique migratoire, on est frappés par des perceptions finalement assez consensuelles sur les constats comme les solutions et marqués par un affadissement du clivage gauche-droite, auparavant majeur sur ce sujet. On a observé en effet pendant les débats autour du projet de loi immigration une gauche en porte à faux avec ses sympathisants, par exemple, favorables à une majorité écrasante à l'expulsion des délinquants étrangers à l'issue de leur peine[1]. Il en allait de même pour une droite en décalage avec sa base favorable aux deux tiers à la régularisation de sans-papiers travaillant dans des secteurs en tension.

Dans ce cadre, les principales représentations associées à l'immigration ne diffèrent guère selon la génération, la catégorie sociale

---

1. À 76 % dans l'enquête Ifop, « Le regard des Français sur l'immigration », réalisée les 12 et 13 septembre 2023 auprès d'un échantillon de 1015 personnes interrogées en ligne.

et le lieu d'habitation. À la différence d'autres enjeux évoqués dans ces pages, le regard des urbains et celui des ruraux s'avèrent homogènes, pour ne pas dire identiques.

C'est d'abord l'idée d'un trop-plein d'immigrés qui émerge fortement des discours. Venant confirmer les enquêtes révélant l'assentiment des deux tiers des Français à l'idée qu'« il y a trop d'immigrés en France », le constat est clairement exprimé : « Trop, c'est trop, trop d'entrées illégales… Il faut arrêter d'accueillir tout le monde, il faut arrêter l'immigration de toute urgence… Cessons de faire entrer des immigrés dans le pays. »

Notons que le glissement d'un trop-plein vers le ressenti d'une invasion migratoire est marginalement exprimé, sauf par des sympathisants de droite extrême (RN et Reconquête). C'est plutôt l'antienne rocardienne « La France ne peut pas accueillir toute la misère du monde » qui constitue la principale justification exprimée, et ce, davantage qu'un grand remplacement, dénomination marginalement citée.

Deuxième perception : l'échec de l'intégration. Évoquer l'immigration revient en effet pour beaucoup de Français, de gauche de droite ou sans affiliation partisane, à vilipender l'échec de notre modèle républicain et, en creux, de pointer deux défaillances. Il s'agit de celle des parents et de celle de l'école. « Le problème, c'est qu'on ne sait plus intégrer correctement…

Plus personne ne réussit à donner à ceux qui arrivent les moyens de s'intégrer… Nous ne savons plus accueillir les immigrés. Nous avons une très mauvaise intégration. »

Ce ressenti confirme les résultats d'enquêtes récentes montrant que juste derrière la lutte contre l'immigration clandestine (59 % de citations), c'est l'intégration des étrangers (47 %) qui constitue le défi le plus important en matière d'immigration.

Enfin, l'analyse des discours sur l'immigration révèle à quel point la représentation de cet enjeu s'est modifiée. De question autonome, voire étanche, l'immigration se voit désormais reliée, même connectée, à d'autres enjeux. Et d'abord, le lien établi par les Français entre immigration et insécurité ou délinquance. On touche là une profonde évolution de l'opinion. Cette corrélation immigration/insécurité uniquement présente lors des années 1980 et 1990 dans le discours de Jean-Marie Le Pen, qui en faisait d'ailleurs une marque de distinction très forte avec le reste du personnel politique et de la sphère médiatique, s'est largement diffusée. Des seuls sympathisants frontistes ou de droite dure il y a quelques années, elle est désormais exprimée par une majorité de Français de tous horizons.

« Le problème, ce sont les étrangers qui commettent des crimes ou des délits graves… On paye pour ceux qui arrivent et qui nous agressent… À cause des clandestins qui se comportent mal, la France est de moins en moins en sécurité… Le lien entre insécurité et immigration est avéré et ne peut plus être dissimulé. »

De manière plus marginale, l'immigration est également parfois reliée à d'autres sujets, comme la question du climat par les jeunes générations. Le lien est également établi avec la crise de l'école par des sympathisants de droite radicale. « La régression générale du niveau scolaire dans les villes avec beaucoup d'immigrés. »

Au final, ces représentations très homogènes sur l'immigration attestent d'un indéniable durcissement de l'opinion publique dont le rapprochement des positions entre Français de gauche et de droite est un signe particulièrement notable.

Autre signe de convergence : la question du coût de l'immigration est tranchée, sans faire l'objet de débats et en rupture avec les controverses des années 1980 et 1990. Seulement un tiers des Français (36 %) estime que l'immigration rapporte plus à la France qu'elle ne lui coûte. Ainsi, l'adhésion à la célèbre phrase, titre du livre de Bernard Stasi, *L'immigration : une chance pour la France*[1], auparavant ardemment défendue par une partie importante de la population, notamment à gauche, fait l'objet

1. Bernard Stasi, *L'immigration : une chance pour la France*, Paris, Robert Laffont, 1984.

de propos épars et marginaux. « L'immigration est une chance. Il faut arrêter de faire penser que c'est la cause de nos soucis. L'immigration a apporté beaucoup à la France de Marie Curie à Zidane. »

Au contraire se font jour des raisons explicatives du déclin français étroitement associées à une immigration de masse et incontrôlée. Ainsi, 47 % des Français interrogés par l'Ifop pour Vae Solis en novembre 2021[1], période de précampagne présidentielle, considéraient que l'immigration constituait un des principaux handicaps de notre pays devant la difficulté à mener des réformes et l'affaiblissement du système éducatif (respectivement 36 % et 35 % de citations).

Dans ce contexte, le regard des Français sur l'action des pouvoirs publics est empreint d'une grande sévérité, avec pour point commun entre les discours le sentiment d'une inaction en la matière. « Ras le bol des gouvernements inefficaces… Sur l'immigration, c'est le sujet qui n'a jamais été traité depuis quarante ans. Ils ont eu peur. »

Cette critique touche sans surprise les gouvernements qui se sont succédé depuis des décennies. Surtout, elle enracine chez des Français proches de la droite et de la droite

---

1. Ifop pour Vae Solis, « Opinions et perceptions des Français à l'égard du déclin de la France », novembre 2021.

extrême que le Rassemblement national – force n'ayant jamais exercé le pouvoir – constituerait une option. « Eux, ils avaient dit les choses sur l'immigration. On les traitait de racistes, mais Le Pen n'avait pas tort. »

De ces perceptions découle une attente majeure à l'égard des responsables politiques, demande exprimée également sur des sujets aussi divers que l'insécurité ou la santé. Il s'agit qu'en matière d'immigration l'État reprenne le contrôle sur les flux comme sur ses frontières. En filigrane, c'est l'idée de maîtrise qui est convoquée avec la projection idéale d'un pays reprenant en main son destin.

« Pour qu'elle soit positive, l'immigration doit être contrôlée, car ça n'est plus le cas depuis longtemps… Il faut du contrôlc : on ne sait pas qui entre et qui sort aujourd'hui en France… Je pourrai soutenir une politique d'immigration à partir du moment où l'entrée des étrangers dans le pays est régulée… Il y a un énorme besoin d´organisation et de contrôle sur ce sujet des étrangers. »

Ces propos viennent enfin mettre à distance la vision d'une opinion publique inclinant à penser uniquement à des solutions répressives ou de fermeture à l'égard de la question migratoire.

La succession de crises connues par le pays, le spectre d'un terrorisme islamiste venu de l'étranger comme la montée de forces politiques favorables à une immigration zéro n'empêchent en rien le maintien en France d'une opinion publique presque rocardienne. Celle-ci continue en effet à affirmer à une (petite) majorité que la France doit prendre sa part dans l'accueil de la misère du monde. Ainsi, 52 % des Français estimaient encore en juin 2023 que c'est le devoir de notre pays d'accueillir des personnes fuyant la guerre ou la misère.

Qualité de vie

Ce concept est consubstantiel à la vie quotidienne des Français à l'échelon local. Très rarement mobilisée par le personnel politique œuvrant dans la sphère nationale, la qualité de vie constitue la principale clé d'entrée des habitants pour évaluer leur vie dans leur commune, leur département ou leur région. Il est intéressant de constater que la notion de « qualité de vie » n'est jamais réduite à une stricte dimension financière, alors même que le pouvoir d'achat constitue, à travers le discours des Français, un enjeu prégnant devenu central, voire porteur d'angoisses. Un des chiffres les plus marquants issus d'une enquête Ifop en 2023[1] est ces 31 % de Français déclarant ne pas avoir sur leur compte en banque plus de 100 euros dès le 10 du mois.

Et pourtant, la notion de qualité semble s'affranchir de ces enjeux pécuniaires et s'articule

1. Ifop, « Anxiété, dépression, réduction de son budget alimentation… Les effets de l'inflation sur la vie des Français », juin 2023.

en fait autour de deux dimensions. D'une part, la qualité de vie se trouve de manière générale appréhendée comme un « rapport coûts-bénéfices » entre différents choix ou modes de vie : tranquillité vs animation, vie professionnelle vs vie personnelle, etc.

D'autre part, elle relève d'opportunités d'activités (sportives ou culturelles), lesquelles sont évoquées dans nos deux groupes sur des modes différents.

Les ruraux valorisent avant tout l'accès à la nature ainsi qu'à des loisirs simples (jardinage, promenades en famille, etc.), mais aussi et surtout à des activités avec des « clubs » sportifs qui structurent fortement la vie en campagne les week-ends (avec un prisme « collectif », notamment familial, qui semble plus important que chez les urbains). Les urbains accordent quant à eux plus d'importance aux sorties culturelles au sens large, qui façonnent leur rapport à la qualité de vie.

Enfin, il est primordial de rappeler à quel point Internet ou la « connectivité » apparaît également comme un ingrédient central de la qualité de vie chez les ruraux, voire à un degré moindre chez les urbains. Les habitants des communes rurales rencontrés mentionnent que l'absence de raccordement à la fibre représente un des facteurs de dégradation majeure de leur qualité de vie en campagne : « Internet, c'est essentiel à la qualité de vie, mais nous, en campagne, on n'a pas la fibre comme en ville. »

Relevons toutefois que ce type de discours reflète une réalité, certes, préoccupante, mais de moins en moins emblématique de la situation des campagnes. Le dernier baromètre Ifop pour Familles Rurales[1] révélait en effet un sentiment d'amélioration très majoritaire (67 %, +7 points depuis 2020) s'agissant de l'accès à Internet.

Au-delà de ce facteur, des nuances entre les campagnes et les villes se retrouvent plus largement s'agissant du rapport à la qualité de vie.

Dans les propos des ruraux rencontrés, la famille est appréhendée comme un élément central et indispensable de la qualité de vie pour des motifs affectifs, mais aussi économiques, avec notamment les problématiques de garde d'enfants.

En outre, l'imaginaire des participants sur la qualité de vie dans le monde rural se construit sur les dimensions perçues le plus souvent comme absentes ou déficientes en ville. Ainsi, le temps disponible et le calme apparaissent comme des avantages en comparaison avec les modes de vie urbains[2] : « Tout ce temps qu'on

1. Ifop pour Familles Rurales, « Territoires ruraux : perceptions et réalités de vie face aux défis des transitions », échantillon de 1 505 habitants d'une commune rurale, interrogés du 27 avril au 11 mai 2023.

2. À propos du temps disponible, tous valorisent paradoxalement le fait d'habiter en zone rurale, ce qui signifie pouvoir circuler facilement : « En fait,

passe à vivre à cent à l'heure. Ici, on est moins stressés, aussi. »

La qualité de vie reste associée à une forme de simplicité (moments familiaux, conviviaux, partage, etc.), forcément moins présente en ville avec un prisme « collectif » (la famille, le voisinage, etc.) qui semble également bien plus marqué que chez les urbains.

« Le côté partage, bonne franquette… Totalement, le repas qui mijote pendant cinq heures, alors qu'en ville on commande sur Internet et on manque de temps. On n'a plus cette notion-là en ville, de prendre son temps. »

En miroir, les urbains associent la qualité de vie à trois « ressources rares », constamment menacées dans les modes de vie de la ville. Il s'agit sans surprise du temps. « Pour moi, la qualité de vie, c'est d'abord la gestion du temps. » On pense tout de suite au sociologue et philosophe Hartmut Rosa[1] définissant la notion d'accélération du temps comme la nouvelle temporalité de nos sociétés. Figurent également le calme – moins le calme permanent que la possibilité d'accéder au calme, voire au silence – et la notion d'espace. Celle-ci se

---

il y a un gain de temps énorme lié au fait d'utiliser sa voiture quand on n'habite pas en ville, je fais 25 kilomètres tous les matins pour aller au boulot et j'arrive avant des collègues qui vivent à 3 bornes parce qu'il y a des bouchons ! »

1. Hartmut Rosa, *Accélération*, Paris, La Découverte, 2010.

rapporte à la problématique du logement, et plus largement au fait d'accéder à des « horizons » dégagés en ville. Il est à noter que cette dimension semble avoir gagné en importance avec l'essor du télétravail.

Au final, ce discours sur la qualité de vie en ville, marqué par la quête de ces trois ressources – temps, espace et calme –, se structure autour de la notion « d'équilibre ».

En un sens, avoir une bonne qualité de vie en ville semble se résumer à l'incessante recherche d'un point d'équilibre entre plusieurs domaines de la vie sociale, notamment entre vie professionnelle et vie personnelle. L'articulation de ces deux aspects a bondi depuis la crise sanitaire dans la hiérarchie des attentes du salariat. La quête de sens au travail intègre également le sens de la qualité de vie.

Famille

Parmi les enjeux étudiés dans cet ouvrage, c'est peut-être celui de la famille qui renvoie aux représentations et aux imaginaires les plus différents entre habitants des villes et ceux des campagnes.

À l'inverse, les clivages générationnels autour de l'institution familiale se sont largement estompés. Le « familles, je vous hais » s'est transformé en « familles, je vous aime ». La dernière enquête de l'Ifop « Nouvelle vague[1] », menée en 2021, a en effet révélé que la famille apparaissait comme la valeur préférée des moins de 30 ans.

C'est parmi les ruraux rencontrés que la famille conserve sa dimension la plus « institutionnelle » et traditionnelle avec un attachement ouvertement manifesté. « On ressent toujours ce besoin d'être connecté à eux [...].

1. Série d'enquêtes menées par l'Ifop à l'initiative de Françoise Giraud pour *L'Express* en 1957, 1968, 1978, 1988 et 1999 auprès de la jeunesse française.

Les amis, ça peut disparaître, et on n'a pas d'ex-frère, d'ex-maman, etc. » Comme évoqué précédemment, la famille représente une donnée constitutive de la qualité de vie, à la fois dans une dimension affective, économique et organisationnelle.

Par ailleurs, si cela n'est pas explicité dans les discussions – en raison de son caractère « évident » –, la notion de famille se structure essentiellement autour d'une chaîne de relations parents/enfants réunissant plusieurs générations, ce qui suppose donc inévitablement la présence d'enfants ! Une évidence, on le verra, frontalement contestée par les urbains.

Dans ce contexte, le regard sur la place de la famille dans la société suscite chez les ruraux des propos empreints d'inquiétude, la famille étant appréhendée comme une citadelle assiégée. D'une part émerge la crainte exprimée d'une disparition de la notion de famille, et ce, moins en raison de ses nouvelles configurations que du fait d'une forme de dilution dans l'individualisme, concept repoussoir dans l'imaginaire des ruraux.

D'autre part, l'inquiétude est réelle autour de l'émergence de nouveaux modèles éducatifs contestés. À cet égard, les ruraux ont tendance à vivre comme des « résistants », notamment contre l'enfant roi : « Il y a dix ans, on n'éduquait pas les enfants de la même façon qu'aujourd'hui. S'il y a des problèmes à l'école, ce sont les parents qui se retournent contre les enseignants. Et au niveau du langage, c'est terrible. Les écrans, aussi. On a l'impression que c'est l'enfant roi. Ils ont droit à tout. »

Le discours des urbains diffère complètement, non s'agissant du registre de l'attachement – réel et sincère – à la famille que sur des questionnements plus généraux sur le sens, la nature et l'importance des liens familiaux.

Une forme de « perte d'évidence » s'impose autour de l'institution familiale compte tenu des mutations récentes de la notion de famille, ce qui reste quelque chose de positif. Notons que la légalisation du mariage homosexuel, jamais évoquée par les ruraux, est rapidement convoquée par les habitants des villes. « On a aussi beaucoup plus de possibilités aujourd'hui avec les mariages homosexuels, etc. »

Dans ce contexte d'interrogations sur le sens donné à la famille, deux évolutions notables sont à relever dans le discours de ces participants. D'un côté, la présence d'enfants ne semble plus nécessaire pour faire entrer un foyer dans la case « famille ». De l'autre côté, le fait de faire des enfants n'apparaît plus non plus comme une évidence parce que les individus peuvent vouloir poursuivre d'autres aspirations, ou bien pour des motifs écologiques : « De mon point de vue, peut-être que c'est devenu moins une évidence. Il y a moins ce sentiment d'être dans l'obligation de fonder une famille pour ainsi dire, et c'est aussi une possibilité qui est plus difficile à envisager aujourd'hui à cause des enjeux climatiques, etc. »

Ce ressenti, somme toute transgressif, avait été objectivé dans une récente enquête Ifop pour *ELLE*[1] où l'on apprenait que 30 % des femmes en âge de procréer ne désiraient pas avoir d'enfants.

Ainsi, les urbains ont tendance à raisonner autour d'une notion très étendue de la famille, avec également une définition émancipée des liens de filiation biologique et de la notion d'héritage : la famille représente aussi à leurs yeux une sphère sociale (ou politique) à laquelle on décide d'adhérer librement : « Oui, pour moi, la famille, ça peut être multiforme. Effectivement, elle peut être liée à une histoire de couple avec des enfants ou pas. Et puis elle peut être étendue à pleins d'autres choses, mais ça revient à cette notion d'appartenance. Je me reconnais parce que j'ai l'impression d'appartenir aux mêmes valeurs que ce groupe-là, donc il n'y a pas forcément une filiation en fait. C'est plus un choix. »

Au-delà des contours et de la définition du cercle familial apparaît aussi chez les urbains la nécessité de réinventer les liens familiaux, sous l'effet de la mobilité géographique. Dans l'ensemble, beaucoup de personnes rencontrées

1. Ifop pour *Elle*, « En avoir ou pas ? Enquête auprès des Françaises sur leur désir d'enfant et le regret maternel », échantillon de 2005 femmes âgées de 18 à 49 ans interrogées en ligne du 12 au 15 septembre 2022.

se déclarent relativement éloignées de leurs parents, frères, sœurs et grands-parents qui vivent dans d'autres villes. À l'inverse, la plupart des ruraux évoquent comme seule distance « pertinente » celle de la durée d'un trajet en voiture : « J'irai à une heure maxi de mes parents, je n'irai pas plus loin ! »

Dans ce contexte, la dématérialisation des échanges émerge rapidement comme solution : « C'est vrai que les liens se transforment. Quand j'étais petite, avec mes grands-parents, on ne communiquait pas de la même manière. Et le fait, par exemple, qu'il y ait des moyens technologiques à notre disposition pour communiquer, ça rapproche, même si on est loin, avec maintenant les grands-parents, ils ont des tablettes, des téléphones, ils peuvent faire un Skype, un Zoom, etc. »

Pour autant, il demeure des questionnements inévitables sur la capacité du numérique à constituer un support suffisant pour alimenter les relations familiales : « Moi, je ne fais pas beaucoup d'appels en visio, et une grosse partie de la communication passe quand même par le fait d'être présent avec la personne. Ne passer que par le texte ou la voix, ça peut générer des incompréhensions. Ça peut brouiller un peu les relations, donner lieu à des non-dits, etc. Bref, ce n'est pas évident, je trouve. Par téléphone ou via les outils numériques, j'ai l'impression de perdre quelque chose. »

En filigrane se fait jour la crainte de liens familiaux désincarnés, vidés de leur contenu et de leur force symbolique. Quel devenir pour la famille, lieu du débat, voire du conflit ? Quel avenir pour la famille refuge si le principe d'unité de lieu (le sanctuaire représenté par la maison familiale) disparaît ?

École

De toutes les entrées de ce livre, c'est sans doute celle qui concerne l'école qui interpelle le plus. En effet, si les précédents mots convoquaient des imaginaires contrastés, positifs, comme négatifs, force est de constater que le mot « école » vient surtout toucher un imaginaire négatif. À quelques exceptions près, les verbatims recueillis sont tous péjoratifs ! Serait-ce parce que l'on attend tout de l'école au risque de voir nos attentes enfermées dans des injonctions contradictoires ? Ou parce qu'elle est au cœur de la devise républicaine et vient interroger un inconscient collectif sensible ? Ou peut-être est-ce parce que nous avons longtemps pensé que la grandeur de la France et celle de son école ne devaient faire qu'un... ? Comme si la France devait apporter les bénéfices de l'éducation à tous et que chacun pouvait espérer que ses enfants accèdent à une condition plus élevée. En tout cas, tout se passe comme si l'école, située au cœur des préoccupations des Français, était une caisse de résonance des difficultés auxquelles sont confrontés nos concitoyens. Si les bénéfices de la scolarisation sont toujours restés très inégalitairement répartis, on peut reconnaître que la démocratisation des études au cours du XXe siècle a permis à tous les milieux sociaux d'obtenir plus souvent un baccalauréat. Cependant, il est clair que quelque chose s'est brisé aujourd'hui dans l'image de ce cercle vertueux. En effet, il est frappant d'observer que le discours sur le déclin de la France, désormais mobilisé par une majorité de Français, se fixe le plus souvent sur la situation de deux grandes institutions, au cœur de l'imaginaire, sur ce qu'était jadis l'exception française : l'hôpital et l'école. Notons à cet égard que le ressenti de dégradation associé à l'école[1] touche désormais dans l'opinion tous les niveaux scolaires, y compris la maternelle et la primaire, jadis échelons d'excellence.

La déception et l'attente sont d'autant plus fortes que l'école porte le germe des facteurs de changement qui font évoluer notre société. À la fois réceptacle et projection des imaginaires sociétaux, l'école s'inscrit dans un environnement social, urbain, rural, qui se caractérise par une montée de la violence, une

1. Ifop-Fiducial pour Sud Radio, « Balise d'opinion #243. Le regard des Français sur la situation de l'enseignement et sur le ministre de l'Éducation nationale », enquête sur l'État perçu de l'école et de l'enseignement réalisé du 14 au 15 novembre 2023 auprès d'un échantillon de 1235 personnes, âgées de plus de 18 ans.

perte d'autorité des enseignants, un « temple du savoir » dégradé au fil des ans, un sentiment de déclassement. Ce constat qui peut paraître sévère se caractérise tout d'abord par un sentiment d'injustice : « La France n'a pas réussi la démocratisation de son école, au double sens de se construire comme "*plus juste*" et de fortifier les conditions de la démocratie[1] », écrivait dans le journal *Le Monde* Roger-François Gauthier. Un article rédigé après les émeutes urbaines générées par la mort de Naël au cours desquelles 250 écoles ont été endommagées. Comme à l'automne 2005 où une jeunesse avait exprimé de manière si spectaculaire la défiance d'une bonne partie des populations issues de l'immigration envers la société française, et plus particulièrement envers la police et l'école. De l'inégalité au sentiment de discrimination, de rejet et de rupture, il n'y a qu'un pas. Un sentiment d'injustice partagé également par les jeunes ruraux. Confrontés aux distances géographiques qui peuvent rendre l'accès aux établissements scolaires plus difficile, à l'éloignement des opportunités d'emploi plus concentrées dans les grandes agglomérations, ou au manque de diversité des métiers représentés sur leur territoire, ils vont

1. Roger-François Gauthier, « Face aux émeutes urbaines, "l'école semble échouer depuis des décennies à enseigner ce qu'elle appelle l'éducation civique" », *Le Monde*, 4 juillet 2023.

s'engager dans des filières de proximité, parfois plus courtes en adéquation avec les besoins des territoires, mais éloignées de l'enseignement supérieur. Ce choix contraint est aussi parfois assumé avec la volonté de garder le lien avec leur environnement familial et leur attachement à une appartenance territoriale.

Ces inégalités se sont accentuées pour une large majorité de Français avec la crise du Covid-19. Dans son ouvrage *École ouverte*, l'ancien ministre de l'Éducation nationale Jean-Michel Blanquer revenait sur la généralisation de l'enseignement à distance pour 13 millions d'élèves du 15 mars au 11 mai 2020. Il soulignait les difficultés auxquelles l'école avait été confrontée : « Fracture numérique, zones blanches, handicaps et, cas le plus fréquent, impossibilité pour les parents d'accompagner leurs enfants dans les apprentissages[1]. » Si l'école a su s'adapter, l'iniquité sociale s'est imposée, avec comme conséquence, par exemple, la multiplication des décrochages scolaire ou la difficulté pour certains étudiants d'entrer dans la vie active.

Si l'on s'intéresse à présent plus précisément aux grandes thématiques qui traversent les imaginaires, on constate que c'est d'abord le politique qui est désigné et considéré comme responsable de la situation actuelle. C'est sans

1. Jean-Michel Blanquer, *École ouverte*, Paris, Gallimard, 2021.

doute l'enseignement le plus étonnant de cette étude sur l'école : « L'école est en souffrance depuis plus de trente ans, aucun gouvernement ne s'est préoccupé de l'éducation des enfants et de leur avenir » ou encore « Comme les autres services publics, l'école a été saccagée par les politiques qui n'écoutent pas ceux et celles qui y travaillent ». Des témoignages qui a contrario partagent le désarroi d'une partie du corps enseignant, perçu comme une victime : « L'institution est en grand danger, les enseignants du public sont trop mal payés, mal formés, maltraités. Ils n'ont plus les moyens d'enseigner correctement… Les enseignants que l'on devrait mettre sur un piédestal sont abandonnés et sous-payés. » Sont également visés l'absence d'autorité et le manque de courage de l'État à cause desquels il peine à faire respecter le principe de laïcité qui « laisse les professeurs dans des conditions de travail difficiles dans un contexte anxiogène pour eux en raison des problèmes d'insécurité, liés encore une fois à la radicalisation islamiste ». Une prise de conscience forte après l'assassinat du professeur Dominique Bernard le 13 octobre 2023, à la cité scolaire Gambetta-Carnot d'Arras. Ainsi, plus que jamais, à travers ces exemples, le désenchantement à l'égard du personnel politique, c'est-à-dire sa capacité à résoudre les difficultés, à peser sur le cours des choses, en un mot à changer la vie, se cristallise sur la question de l'école.

À cette défaillance du politique s'ajoute un sentiment de manque d'autorité des enseignants (« Il n'y a plus de respect de l'enseignant, l'école publique a perdu son autorité… Le retour de l'uniforme est nécessaire ») ; une autorité qui dépasse le seul cadre de l'Éducation nationale, stigmatisant également la famille. « Je pense que les parents devraient s'occuper de leurs enfants et leur apprendre le respect envers leurs professeurs… Si certains parents s'occupaient mieux de leurs enfants, l'école irait mieux aussi… » D'autres souhaitent également « la responsabilisation financière des parents en cas de dégradation ou d'agression commise par leur enfant ». L'autorité des enseignants, comme celle de la famille, de l'État…, s'inscrit peut-être dans une dimension plus large de massification de l'enseignement et d'une société moderne qui a donné la primeur à l'individu et à la liberté.

De même, la lutte contre le harcèlement scolaire s'est révélée une priorité du gouvernement, reconnu depuis 2002 comme un délit pénal en France. À cet égard, la prise à bras-le-corps par Gabriel Attal, dès son arrivée comme ministre de l'Éducation, de cet enjeu du harcèlement – extrêmement insécurisant pour les parents d'élèves – a contribué à le distinguer de ses prédécesseurs et à installer dans l'opinion, à son profit, une méthode Attal : établir sans déni les constats, puis agir.

Le suicide de Lucas, harcelé par quatre collégiens et poussé au suicide, a fortement marqué l'opinion publique en janvier 2023. Un sujet qui préoccupe les personnes interrogées considérant « qu'il y a beaucoup de harcèlement dans les collèges et des moqueries dans les écoles primaires ». Il est à noter que de la délinquance aux incivilités, des rumeurs au harcèlement, de la moquerie aux suicides, le champ de la violence est large dans le milieu scolaire et à l'extérieur des établissements publics, notamment sur les réseaux sociaux. Une question encore une fois qui ne se résout pas exclusivement à l'intérieur des collèges et des lycées.

Finalement, on peut noter que la crise scolaire est multidimensionnelle, à la fois crise de l'autorité, des méthodes, du sens, du rapport à la famille et aux publics… Elle ne se limite pas non plus aux questions de capacité et de numérisation. Si le système scolaire est souvent associé à l'acquisition des compétences, certains considèrent « que le modèle d'apprentissage est dépassé, trop axé sur la réussite au détriment des élèves qui sont en situation de décrochage… », alors que d'autres plaident par exemple « pour des changements nécessaires comme l'intégration de certaines matières plus transversales et plus pratiques… ou pour un système éducatif plus en phase avec les avancées technologiques et l'emploi ». Si l'école a un rôle d'acquisition des savoirs, notre étude montre qu'une majorité d'interviewés pensent qu'elle doit aussi garantir une insertion dans le monde professionnel : « Préparer au monde du travail, former les citoyens de demain, voilà ce que j'attends aujourd'hui de l'école. La vraie question à se poser n'est-elle pas : "À qui et à quoi doit servir l'école ?" ? »

Si l'école de Jules Ferry a forgé la IIIe République, l'école du XXIe siècle ne devrait-elle pas avoir pour ambition, en formant les générations à venir, de contribuer à la redéfinition de la France de demain ?

Vieillesse

La préoccupation croissante des Français à l'égard de l'enjeu vieillesse est récente, lié à la question démographique de l'allongement de la durée de la vie de la population. Mais cet intérêt de l'opinion s'inscrit surtout dans un contexte de focalisation sur les questions de santé, devenues premier enjeu prioritaire depuis septembre 2019[1], à travers les thèmes du devenir de l'hôpital public, du coût de la santé, de l'accès aux soins et donc de la vieillesse ou du grand âge.

L'imaginaire autour de la vieillesse n'est pas univoque. Deux dimensions antagonistes viennent même coexister.

D'un côté, la vieillesse est presque valorisée. Spontanément rattachée à la retraite, elle recèle, de manière surprenante, une dimension presque aspirationnelle : la retraite, et par là l'état de vieillesse, est une nouvelle vie. « C'est

1. Ifop-Fiducial pour Sud Radio, « Balise d'opinion #233. L'état d'esprit des Français et les enjeux prioritaires », août 2023.

une nouvelle vie, la retraite, maintenant. Un accomplissement. La sagesse. C'est juste la vie. Tant qu'on est en bonne santé, ça va… » « Ce que je vais dire est un peu extrême, mais au fond c'est un peu le but de la vie : pouvoir vieillir, travailler, puis être tranquille, profiter de sa retraite. » Notons que ce phénomène témoigne de l'importance décroissante de la place du travail dans son statut, son identité et ses activités du quotidien.

Mais à côté de cette vieillesse âge d'or et désirable, il est frappant de constater que la vieillesse, perçue de façon assez positive quand il s'agit de soi, fait émerger des évocations bien plus ambivalentes dès lors qu'on l'associe à la vieillesse « des autres ».

Émerge ainsi une image parfois négative des personnes âgées quand celles-ci ne font pas partie de l'entourage immédiat. « C'est vrai qu'à une époque avoir vécu longtemps c'était synonyme d'une forme de sagesse, mais ce n'est plus tellement vrai en fait. On pense aux gens aigris, qui ne suivent plus ou qui rejettent le monde actuel. » Et avec elle le récit de situations peu enviables, vécues au troisième ou au quatrième âge, qui suscitent une angoisse de projection : la solitude et l'isolement.

S'agissant de ce dernier élément, il convient de ne pas négliger l'impact dévastateur des récents événements liés aux EHPAD sur les représentations associées à la vieillesse par les personnes rencontrées. Le « scandale » des

EHPAD survenu après la publication du livre *Les fossoyeurs*[1] semble avoir produit un effet quasi traumatique dans l'opinion. « Je n'ai jamais été autant écœuré par un scandale, et pourtant j'en ai connu dans ma vie. » Sans surprise, une véritable colère sourd des propos : « Les structures d'accueil sont défaillantes, c'est une honte. C'est la dernière demeure de ces personnes âgées. Quelle manière honteuse de les remercier pour tout le travail qu'elles ont fourni. » Elle réactive le discours sur le déclin d'un pays dont le système de santé n'est plus capable de s'occuper de ses anciens.

Aussi, l'EPHAD, sans différencier les structures publiques ou privées, est érigé en lieu repoussoir (c'est un environnement qui recherche le profit sans aucune humanité) avec des stratégies d'évitement pour soi et pour ses proches : « Il y a énormément de personnes âgées qui ne veulent pas aller en maison de retraite. Mes parents ne veulent pas en entendre parler, ils me disent : "On vient chez toi !" » « Avec tout ce qu'on entend, je n'ai pas envie de mettre mes parents en EPHAD, je les prendrai chez moi. »

Dans ce contexte, le maintien à domicile pour soi ou ses proches est véritablement sacralisé par les personnes rencontrées, quand bien même les contraintes financières sont

1. Victor Castanet, *Les fossoyeurs*, Paris, Fayard, 2022.

connues. « Le mieux, c'est de vieillir chez soi. Le problème, c'est que ça représente un coût terrible d'avoir des infirmières à domicile. » Parallèlement, une enquête Ifop-Synerpa[1] indiquait que plus de 8 Français sur 10 souhaitaient pouvoir le plus longtemps possible vieillir à domicile.

Cette cannibalisation du regard sur la vieillesse par la situation des EHPAD n'empêche pas l'émergence de questionnements plus larges, notamment autour d'un éventuel déséquilibre démographique.

Très présente à l'esprit depuis les débats autour de la réforme de 2023, la question du financement du système de retraite émerge dans les discours : « Il va y avoir un déséquilibre entre les actifs et les non-actifs. Oui, un déséquilibre pour le système de retraite. »

Se pose plus largement aussi la problématique du financement des services publics. Cette thématique revient, on le sait, de manière récurrente dans le discours des Français et reste étroitement liée à la projection positive du pays (la France va s'en sortir grâce à des atouts comme les services publics) ou, au contraire, à la réactivation du discours sur le déclin hexagonal. Plus précisément, les seniors évoquent le

1. Baromètre Ifop-Synerpa réalisé en mai 2023 auprès d'un échantillon de 1501 personnes, représentatif de la population française âgée de plus de 18 ans.

plus ouvertement leurs inquiétudes au sujet du financement de la politique de santé. « Quand on pense qu'une grande partie des services publics dont nous parlions sont surtout utilisés par les personnes âgées, comme la santé, et qu'on est de moins en moins d'actifs, comment on va faire pour porter ça ? »

Enfin, ces inquiétudes s'expriment à propos d'un possible « déséquilibre sociétal », le vieillissement démographique pouvant avoir des répercussions à de multiples niveaux. Des participants pointent, par exemple, un risque démocratique notamment avec une supposée plus grande vulnérabilité des personnes les plus âgées face aux *fake news*… « Je ne sais pas à quoi va ressembler cette société où il y a plus de personnes âgées, mais je trouve que leur vulnérabilité face à la désinformation et aux *fake news* pose question. » « Je pense que politiquement ou démocratiquement ça pose problème. Comment ça va se traduire dans les urnes tout ça ? » « Je pense que c'est plus difficile pour les vieux de faire la part des choses entre une information fiable et une info non sourcée. »

Chez les ruraux, il convient de noter que le regard sur cette thématique vieillesse est dominé par les problématiques de dépendance. Des discours ressort une incertitude grandissante quant aux perspectives de prise en charge avec bien évidemment l'effet repoussoir des maisons de retraite, mais aussi la crainte « d'être un poids » pour ses enfants : « Le cousin de ma nièce, c'est une famille d'agriculteurs, ils vivent tous ensemble avec le grand-père, le père et le fils [...]. Moi, j'aime bien ma famille, mais ça ne me fait pas rêver non plus ! » « Au prix que ça coûte, la maison de retraite, il va falloir se remonter les manches, ce sont plusieurs milliers d'euros par mois pour mes enfants, il faut arriver à les sortir ! »

Pour autant, la tonalité des propos recèle moins d'angoisses que chez la plupart des Français. D'une part, les effets de solidarité plus marqués en zone rurale sont largement intériorisés (« On s'occupe des personnes âgées autour de nous. ») à travers une prise en charge des seniors plus visible qu'en ville via les réseaux de voisins et les initiatives locales (« On est dans une commune où le maire met beaucoup de choses en place. On a beaucoup de choses qui aident les personnes très âgées à garder leur indépendance : la livraison de repas, etc. »).

Dans ce cadre, le village senior ou des projets de mutualisation entre proches apparaissent comme un bon compromis dessinant un horizon presque rassurant, tant la perspective de vieillir en autonomie paraît désormais inenvisageable, notamment sur le plan économique. « J'ai trois frères, mais on se dit qu'on va tous finir dans la même baraque tellement la vie coûte cher. Avec l'augmentation du prix de la nourriture, de l'essence, de l'énergie, ça coûte beaucoup plus cher de vivre seul, il va falloir se mettre à plusieurs. »

À l'inverse, la question de l'isolement occupe une place bien plus importante chez les urbains comparé aux ruraux. La problématique de la solitude dans la cité structure en effet les discours avec des interrogations, d'abord sur la capacité des personnes âgées à garder du lien social : « Bien vieillir, c'est d'être entouré. Je vois beaucoup de personnes âgées qui sont loin de leurs enfants, loin de leur famille, donc c'est compliqué. Après, pour vivre correctement, avoir du lien, c'est hyper essentiel. » Parallèlement, faisant écho à la dématérialisation des services publics, des questionnements existent également à propos de l'isolement numérique des personnes âgées.

En fait, c'est la meilleure intégration des personnes âgées à la vie de la cité qui concentre les réflexions, l'isolement étant ressenti comme une première mort qui renvoie tous les participants à la « finitude » de leur existence.

Impôts

On ne peut dissocier le regard des Français sur les impôts et le système fiscal de la thématique du pouvoir d'achat. La polarisation de l'opinion sur les salaires, la vie chère dans un contexte inflationniste qui bouleverse les repères contribuent à amplifier les reproches traditionnels associés au système fiscal hexagonal et à éroder le consentement des Français. Sans surprise, le champ évocatoire s'articulant autour de trois perceptions s'avère très virulent.

Se fait jour en premier lieu le caractère systématique de l'impôt, perçu comme démesuré, voire pervers. « Ils sont en train de nous saigner [...]. On est des vaches à lait. On travaille, on est prélevés, on va faire les courses, on est prélevés, on essaie de s'en sortir, on est prélevés. Tout est prétexte à impôt. » Le « tout augmente » et sur tous les types d'impôts, même ceux sur le revenu qui ne subissent pas de hausses depuis des années, revient comme un leitmotiv.

À ce ressenti se rajoute une forme d'insécurisation autour d'un système perçu comme ontologiquement mouvant. Le côté « bonneteau fiscal », sans logique ni échappatoire, suscite beaucoup d'agacement avec en filigrane aux discours les augmentations de taxes foncières. Cette logique de vases communicants (« On donne de la main droite, on reprend de la main gauche… On nous caresse dans le sens du poil, on nous enlève la taxe d'habitation et on nous la rebalance ailleurs sans qu'on la voie. ») structure les discours quels que soient la génération, la catégorie sociale et le lieu d'habitation.

Enfin, dans le même ordre d'idées domine un sentiment d'opacité. « C'est le bazar, en fait. Il y en a partout. » Notons que la réforme du prélèvement à la source, objectivement réussie par le ministre des Comptes publics de l'époque Gérald Darmanin, n'émerge jamais dans le discours des personnes rencontrées comme élément attestant d'un système fiscal plus cohérent ou capable de se réformer.

Au-delà de ces perceptions exacerbées par la préoccupation, ou l'obsession, liée au pouvoir d'achat, les participants opèrent un lien inédit par rapport à la décennie précédente entre impôts et services publics. Se fait jour en effet un malaise autour de la dépense publique avec l'impression que les services publics demeurent défaillants, voire se dégradent, en dépit du niveau des impôts et des augmentations des prélèvements obligatoires.

Deux logiques émergent dans ce contexte.

D'abord, un décalage « coût/bénéfice » des impôts. L'absence perçue de retour sur investissement après impôts – forme de transposition du « pognon de dingue » exprimé par Emmanuel Macron au sujet des prestations sociales – suscite une incompréhension sans fin conduisant à de la défiance. « J'aimerais connaître l'utilité de ce que je donne aux impôts. »

Parallèlement à la question « Où va l'argent ? » domine également les inquiétudes suivantes : « Mais où ça va ? On ne sait pas trop, justement. Les écoles, ils n'y mettent rien non plus. On a l'impression qu'on donne mais qu'il n'y a pas de retour, que ça soit l'Éducation nationale, la santé, la sécurité. »

De là découle sans surprise une forte attente de transparence sur l'utilisation des deniers publics : « Il faut une traçabilité. Justement, je pense que ce serait moins désagréable si au moins on savait où ça va, comment c'est utilisé et si on essayait de l'optimiser. Les pays du nord de l'Europe arrivent à avoir cette transparence. »

Sans surprise, ces éléments émanant des discours sont dévastateurs au regard de la valeur symbolique et patrimoniale associée dans l'imaginaire des Français aux services publics. Ils constituent ainsi le carburant du ressenti d'une France qui tombe et qui ne parvient pas à se relever. Cette problématique des impôts renvoie ainsi confusément l'image d'un pays « dysfonctionnel » et « compliqué » avec une dimension presque irrationnelle. Un pays tellement complexe que les démarches de simplification ont tendance, in fine, à rajouter de la difficulté et coûter plus cher : « J'ai l'impression que tout a tendance à se complexifier, et ça explique l'excès d'impôts, selon moi. Même quand il y a une volonté politique de simplifier quelque chose, j'ai l'impression qu'on arrive à un résultat toujours plus compliqué que l'état initial. »

Dans ce contexte de regards très homogènes de l'opinion sur la thématique fiscale, les différences de perception selon le lieu d'habitation et l'agglomération sont plutôt ténues.

Pour autant, on relève un « ras-le-bol » fiscal particulièrement aigu chez les ruraux. Pour ces derniers, le niveau de pression fiscale est vécu à la limite du soutenable : « Ça explose dans tous les domaines, c'est la noyade. C'est toujours plus quoi qu'on fasse. » Les évolutions du montant des taxes foncières sont également bien plus durement ressenties.

En outre, le lien entre le ressenti d'impôts excessifs et l'absence d'amélioration visible de la situation des services publics s'exprime de façon sensiblement plus forte chez ces profils vivant dans les communes rurales. Et ce, sans doute parce que le fléchage des impôts, en particulier vers les services publics, est moins visible que dans les grandes villes, voire totalement fantasmatique ou virtuel dans les zones dépourvues de tout organisme public.

En parallèle, la seule spécificité observée dans le discours des urbains concerne le gaspillage des deniers collectés par l'impôt au regard des dégradations occasionnées par les mobilisations récentes comme les Gilets jaunes ou les émeutes de fin juin 2023. « Moi, je ne peux pas m'empêcher de penser aux émeutes, quand on voit tout ce qui a été cassé, les pillages, eh bien, je me dis que ce sont nos impôts à chaque fois. »

Enfin, un terme – la dette – n'a jamais fait l'objet de la moindre évocation dans notre étude. Cet enjeu, comme la réduction des déficits publics que pourraient permettre les recettes fiscales, demeure un impensé dans l'imaginaire hexagonal du millésime 2024. Le chiffre record de 3 000 milliards d'endettement ne conduit pas à l'émergence d'une prise de conscience. Quand bien même la dette est remontée depuis le printemps dans la hiérarchie des préoccupations des Français.

Climat

D'abord, la dénomination. Le mot « climat » s'est imposé au cours des cinq, dix dernières années dans le discours des Français au détriment d'autres termes comme « protection de l'environnement » ou « développement durable ». En l'espèce, ce sont les jeunes qui ont imposé le mot « climat » et qui ont contribué à son appropriation par les générations suivantes.

En effet, que l'on parle de climat, de dérèglement ou de réchauffement climatique, ces termes ne renvoient pas pour les Français à des concepts abstraits mais à une réalité tangible pour une très forte majorité. Ainsi, 82 % des personnes interrogées ont exprimé dans un sondage Ifop pour *La Tribune* de juillet 2023[1] leur inquiétude à l'égard du réchauffement climatique. D'abord, parce

---

1. Ifop pour *La Tribune*, « Les Français et le réchauffement climatique : perceptions, comportements et anticipation », juillet 2023.

qu'il peut désormais s'observer à l'échelle d'une vie humaine (fonte des glaciers, érosion des côtes maritimes…), mais également parce que ces conséquences sur les modes de vie commencent déjà à apparaître (restrictions d'eau, risques pour la santé, évolution des normes de construction…).

Enfin, ce résultat massif de 82 % illustre le spectaculaire effacement des clivages générationnels qui auparavant structuraient le regard sur cette question.

Nous nous souvenons tous des paroles prononcées par la jeune militante écologiste suédoise Greta Thunberg, le 23 septembre 2019, lors du sommet sur le climat à l'ONU : « Vous avez volé mes rêves et mon enfance avec vos paroles creuses », critiquant ainsi les dirigeants mondiaux pour leur inaction face au changement climatique. Ces mots témoignent du fait que de nombreux Français passent de l'anxiété à la colère en matière de climat, en réponse à l'inaction perçue des dirigeants politiques face à la destruction progressive de la planète. Si dans l'imaginaire collectif le climat est synonyme de réchauffement climatique, il devient une réalité inquiétante, une menace, caractérisée par de fortes chaleurs, des inondations, des incendies, des famines, des migrations… Ces réalités diverses et tragiques sont portées par « un martèlement médiatique » qui suscite de l'inquiétude et qui provoque chez certains de nos concitoyens, particulièrement les plus jeunes[1], un sentiment d'éco-anxiété.

Pour autant, cette menace collective se traduit dans notre étude, y compris chez les urbains, par le syndrome de l'autruche ! « Le fait qu'on martèle tellement, du coup j'ai tendance à bloquer, à passer à côté, je sais, ce n'est pas bien, mais bon… »

Le sujet du climat entraîne ainsi paradoxalement un certain fatalisme et de l'évitement, à l'exception notable des générations les plus jeunes.

Les actions de lutte contre le réchauffement climatique sont perçues comme lointaines et incertaines, comme si l'on avait l'impression que les initiatives individuelles ou collectives ne suffiraient pas à éviter les crises climatiques… « Il y a quand même ce côté, même si je fais des efforts, que ça ne va pas servir à quelque chose… Je n'ai pas l'impression qu'un changement de mode de vie à mon échelle va avoir un réel impact. Quoi qu'on fasse, ça se réchauffe… » À cela s'ajoute l'argument d'une irréversibilité décourageante et désengageante : « C'est trop tard, de toute façon, on ne reviendra pas en arrière. »

---

1. Ifop, « Nouvelle vague », 2021, enquête menée auprès de 1 500 personnes âgées de 18 à 30 ans : 1 jeune sur 5 se déclare prêt à mourir pour le climat. En 1957, lors de la première enquête réalisée pour *L'Express*, de Françoise Giroud, près de 1 jeune sur 3 se disait prêt à mourir pour la France.

Ces perceptions issues de notre enquête qualitative se voient pleinement confirmées par des sondages récents : 71 % des Français[1] considèrent que le réchauffement climatique est un phénomène inéluctable que les États ne parviendront pas à maîtriser, tandis que pour 58 % d'entre eux il n'y a pas de solutions à court terme à ce dérèglement du climat.

Nous pourrions dire qu'il y a comme un phénomène d'accoutumance à la fin du monde, à l'apocalypse, comme si notre esprit s'habituait aux annonces répétées des différentes catastrophes naturelles.

Cette logique de l'évitement qui, au-delà du sentiment d'impuissance, peut encore se traduire par un sentiment d'injustice. Les personnes interrogées sont en effet très sensibles aux effets redistributifs des politiques climatiques et à leur impact financier, et ce, dans le contexte ultratendu sur le pouvoir d'achat que nous connaissons. Les efforts demandés aux citoyens français pour lutter contre le réchauffement climatique peuvent sembler disproportionnés par rapport à ceux des gouvernements ou des grandes entreprises. « On met trop de déchets, on va payer les poubelles, etc., en fin

1. Ifop pour *La Tribune*, « Les Français et le réchauffement climatique : perceptions, comportements et anticipation », enquête réalisée les 20 et 21 juin 2023 auprès de 1 007 personnes âgées de plus de 18 ans.

de compte, on tape toujours sur le particulier, mais l'État, les grosses entreprises qui polluent, quid ? » En parallèle, ce ressenti d'injustice est renforcé par la superposition d'un clivage vertical : dans l'enquête Ifop pour *La Tribune* déjà mentionnée, près de 3 Français sur 4 estiment qu'en matière de lutte contre le réchauffement climatique l'État demandait trop d'efforts aux citoyens les plus pauvres et pas assez aux plus riches.

Il est cependant à noter que, le 14 octobre 2021, le tribunal administratif de Paris a condamné l'État français à réparer les conséquences de ses manquements dans la lutte contre le changement climatique pour le non-respect des objectifs 2015-2018 fixés dans la stratégie nationale bas-carbone.

Sans surprise, l'enjeu climat suscite des regards spécifiques en fonction du lieu de vie.

Les urbains pensent davantage aux contraintes en matière de mobilité et de circulation dans les villes : « C'est comme les voitures, enfin avec la vignette Crit'Air. Oui, c'est bien d'émettre des choses comme ça pour la pollution, mais tout le monde n'a pas les moyens d'avoir une voiture Crit'Air 1, 2… Les électriques, c'est pareil, si le gouvernement donne le budget à tous les Français, on pourrait peut-être se le permettre… on sature de tout ça, et on continue sans se soucier malheureusement de tout cela. » Si les urbains ont longtemps pensé qu'ils étaient moins exposés aux conséquences du changement climatique que les ruraux, puisque moins en lien direct avec la nature et ses variations et protégés par des environnements artificiels, cette perception change désormais complètement. La minéralisation des villes, la surchauffe urbaine, la pollution de l'air, les vagues de chaleur successives ou encore les inondations ont un impact direct sur la qualité de vie, la sécurité et l'économie des habitants des villes. Une prise de conscience illustrée notamment en 2017 par un communiqué commun de la maire de Paris et du maire de Pittsburgh réaffirmant les objectifs de l'Accord de Paris et la volonté des villes de mettre en œuvre des projets ambitieux en faveur du changement climatique ou le « Global Covenant of Mayors for Climate & Energy ».

Les fortes chaleurs annoncées dans les années à venir ont tendance à susciter davantage d'inquiétudes chez les urbains et à poser la question de la soutenabilité de ces vagues caniculaires en ville, notamment chez les personnes âgées. « Moi, ça m'interpelle pour plus tard : est-ce que je vais être capable de supporter les chaleurs extrêmes en ville ? Et la question se pose également pour mes parents et grands-parents… Cela crée chez moi de l'anxiété. »

Ce « stress climatique » est très présent chez les urbains qui se sentent plus directement menacés. Cela explique la nécessité perçue de réfléchir, d'une part, à la question de l'habitabilité des villes et de leur adaptation par des mesures techniques, sociales et de nouvelle gouvernance, et, d'autre part, également chez certains, à l'hypothèse d'une perte d'attractivité des villes et d'un prochain exode urbain. En atteste la tendance à la démétropolisation au profit des villes moyennes, laquelle constitue un signe avant-coureur à cette moindre attractivité des plus grandes villes.

Si ces mouvements de population des villes vers les campagnes ou vers les villes moyennes s'inscrivent dans la recherche d'un meilleur cadre de vie, d'une moindre exposition aux risques, d'une plus grande sécurité alimentaire, ils restent néanmoins dépendants en partie de la mise en œuvre de certaines politiques publiques.

Les perceptions diffèrent chez les ruraux qui appréhendent depuis des années le changement climatique comme une réalité, mais qui utilisent souvent les termes « d'anomalies », « de cycles climatiques » ou « d'année de sécheresse », donnant un caractère très concret à l'impression d'un changement climatique accentué : « Il n'y a plus de saisons. Elles se font, mais elles sont décalées. J'allais, étant jeune, aux girolles en août, et on en trouve parfois dès mai maintenant [...]. Nous, on a encore des tomates début novembre ! » « Et moi un pommier en fleur... » Même si la canicule de 2003 a entraîné une perte de 20 % à

30 % des récoltes en France, et dans les pays voisins, elle a été considérée comme un « accident ». Néanmoins, parce que le changement climatique a un impact de plus en plus fort sur l'agriculture et l'ensemble de son écosystème avec de lourdes conséquences économiques sur les coûts de production, la perte de revenu ou encore la baisse des rendements, la prise en considération qui a été plus tardive que chez les urbains s'impose chez les ruraux. « Moi, j'ai remarqué, donc j'ai changé d'opinion [...]. J'ai été bien obligée de me rendre compte qu'ils n'avaient pas complètement tort. »

Certes, les imaginaires sont multiples autour de cette notion de changement climatique. Que les opinions puissent diverger sur les causes et les solutions, que la diversité de nos perceptions et de nos attitudes dépende de nombreux facteurs, tels que notre culture, notre rapport à la nature, nos activités, c'est une certitude, mais l'étude confirme la volonté d'une grande majorité de Français de renforcer la résilience face aux impacts du changement climatique.

Services publics

Il est légitime de réfléchir à la façon dont les services publics sont perçus et représentés dans nos imaginaires. Nous pourrions affirmer que la dimension républicaine est prégnante et qu'elle renvoie à l'idée que les services publics sont porteurs de valeurs universelles, d'égalité, de fraternité et de cohésion sociale. Notre étude a en effet montré que de nombreuses personnes interrogées considèrent les services publics comme un patrimoine national avec une « certaine culture du service public », « un patrimoine français, un peu quand même. Un savoir-faire ». Cette vision patrimoniale génératrice d'attachement se voit renforcée par l'affadissement spectaculaire du clivage gauche-droite dans l'opinion à l'égard de l'objet « service public », qui bénéficie désormais d'un regard très homogène de la part des Français : la présence de services publics sur un territoire constitue un puissant levier de réassurance pour les habitants, leur démantèlement – voire leur disparition – apparaît comme le signe annonciateur du déclin irréversible de ce territoire.

Au-delà, la deuxième dimension que nous pourrions mettre en exergue concerne l'aspect relationnel ou empathique, c'est-à-dire des services publics perçus comme des partenaires de confiance, cela soulève la problématique de la « posture » à l'égard des usagers, voire de respect des usagers. « Selon moi, le service public, c'est au service du public, on fait donc passer l'humain d'abord. Et qu'ils me donnent les moyens de le faire. » Nous imaginons, et peut-être fantasmons, des services publics proches, respectueux, à l'écoute des usagers.

Pour autant, les personnes rencontrées sont loin de cet imaginaire : « On a l'impression de les embêter un peu parfois dans les mairies… On parlait des commerces, dans les commerces de proximité, on vous accueille bien, on voudrait que ce soit pareil dans les services publics. » Certains vont plus loin et dénoncent une « dépersonnalisation/désincarnation » de la relation aux services publics. « Il n'y a plus de contacts, il n'y a plus de personnes en face de nous. Oui, il n'y a plus de personnes physiques et quand on est coincés sur l'ordinateur, on ne peut rien faire. » Un ressenti encore plus fort en matière de santé : « Notre enfant est malade, on nous propose une visio, je veux qu'on le voie, je veux qu'on l'ausculte. » La rationalisation des services publics peut être aussi perçue comme un facteur d'inégalité. La fracture numérique touche des personnes âgées qui ne savent pas se servir d'équipement informatique, ou des personnes qui ne savent pas lire, ni comprendre le français, sans oublier des pans de la ruralité.

Enfin, l'imaginaire nous renvoie également à la dimension fonctionnelle, celle qui nous conduit à penser des services publics efficaces, innovants, modernes, perçus comme des acteurs de la rationalité économique et du développement durable. Là encore, l'imaginaire se déconstruit rapidement, on a l'impression d'une dégradation lente et généralisée des services publics. « Pour moi, il y a un déclin dans la qualité du service public et l'impression d'une moindre qualité en matière de service rendu ». Finalement, l'écart croissant entre les besoins de nos concitoyens et les moyens alloués conduit inexorablement à l'incapacité des services publics à répondre à la demande. Face à cette situation, les personnes que nous avons interrogées constatent « un transfert vers le privé », conscientes qu'une autre offre, privée, se développe rapidement dans les domaines de la santé ou de l'éducation par exemple : « Il y a un démantèlement des services publics en faveur du privé en fait. » Derrière cette expression peut être évoquée la notion économique et philosophique de la « rentabilité et du coût ».

La question du coût rapportée à la qualité du service ressort très peu dans les discours, alors que le sentiment de payer beaucoup d'impôts s'exprime avec force. C'est moins le prix du service public qu'une sorte de « retour sur investissement » qui structure les propos : « Si on réussit à mieux gérer les moyens qu'on met aujourd'hui dans nos services publics et qu'on arrive à augmenter ces ressources pour réinvestir dans nos services, je pense qu'on pourra retrouver de la qualité. » Finalement, entre ceux qui affirment que les services publics doivent s'adapter au marché, à la concurrence, déléguer certains services, être en partie privatisés, et ceux qui affirment que les services publics, parce qu'ils ont une mission d'intérêt général, ne doivent pas être soumis à la logique du marché, en augmentant les investissements et les moyens, en renforçant les statuts, une voie médiane se dégage, alliant efficacité, rationalité des services publics, gestion des coûts et investissements pertinents. Par exemple, il ne fait aucun doute que le financement de la transition écologique représente une question vitale pour la puissance publique. « Il va nécessiter de lourds investissements publics pour adapter notre pays au changement climatique. »

Parallèlement, l'imaginaire des services publics peut aussi être influencé par des facteurs externes. La crise climatique que nous traversons, les sécheresses et la violence des intempéries modifient par exemple la perception que nous pouvons avoir des services publics, comme cela a été le cas pendant la pandémie du Covid-19 avec les services de santé, d'éducation et de sécurité… Un ressenti illustré par les propos suivants : « Cela dépend de l'actualité. Pendant les attentats, on va faire un pic de police nationale, pendant la crise sanitaire, on met en avant les aides-soignants… On n'est pas dans une stratégie, mais dans un sauvetage de dernière minute. » Il est en effet reproché à l'État des investissements fulgurants en réaction à une actualité, mais qui ne s'intègrent pas dans une relation de long terme, avec l'impression in fine de « colmater des fuites ». La problématique des services publics est fortement évoquée dans les médias, mais se traduit encore une fois par un décalage entre les annonces et les mesures prises : « Je ne suis pas sûr qu'on mette vraiment les moyens, il y a des annonces, mais ça ne suffit pas toujours. »

Cette perception des services publics est partagée par les ruraux mais s'inscrit dans une offre de services perçue comme inégale. Si l'ensemble des politiques publiques ont conduit depuis plusieurs années à favoriser l'accès numérique aux services publics, le retard de développement des infrastructures, la carence des dispositifs d'accompagnement des personnes âgées, et les caractéristiques socio-économiques ont renforcé le sentiment d'exclusion. Si les grands réseaux de services publics nationaux ont été maintenus sur l'ensemble du territoire, ils ne se sont pas forcément adaptés aux besoins de la population. Leur réorganisation, leur dématérialisation, et une demande mal mesurée comme la dépendance ou l'accès aux soins ont entretenu un sentiment d'abandon. Si la rationalisation des effectifs et des implantations peut être comprise, elle doit avoir comme corollaire un accompagnement pour faciliter la transition numérique, une concertation avec les élus et la population, un renouvellement de la relation avec les usagers, mais surtout, comme le relève l'étude, une simplification de l'accès aux services publics en campagne. « C'est France services qui nous aide pour les milieux ruraux. J'ai fait appel à eux parce que je ne comprenais rien au site Internet des impôts et j'ai téléphoné, j'ai eu un rendez-vous. Avant, j'allais à Dijon et je me suis rendu compte qu'à Dijon c'était plus possible. »

Une autre caractéristique peut être soulignée en ce qui concerne les ruraux : les services publics de transport en commun ne sont pas évoqués spontanément, justement parce qu'ils ne sont pas encore vraiment présents dans leur quotidien du fait de leur inadéquation aux attentes. « Ils mettent des horaires de train qui ne correspondent pas aux horaires de travail. Et après ils ferment les gares… » Que dire de l'absence de stratégie publique en faveur du covoiturage et de la création d'un réseau de transport express pour « la France qui conduit »… ?

Nous pourrions conclure cette étude sur les services publics et leur imaginaire par cette citation de Saint-John Perse extraite de son poème « Vents » écrit en 1945 : « Si un homme auprès de nous vient à manquer à son visage de vivant, qu'on lui tienne de force la face dans le vent[1]. »

1. Saint-John Perse, *Vents*, Paris, Gallimard, 1946.

Commerces

Pour la majorité des personnes rencontrées, l'imaginaire associé au mot « commerce » renvoie à la fois aux boutiques et aux enseignes appréciées, mais également aux commerces de « proximité ». Ainsi leurs réponses cassent-elles la dichotomie traditionnelle opérée entre les commerces de centre-ville et ceux des zones périurbaines, démontrant la coexistence et la complémentarité de ces deux modèles de consommation. « Oui, on préfère la petite épicerie aux grandes chaînes, mais il y a des chaînes sympas quand même. Moi, j'aime bien justement m'y balader, je pense à l'ambiance… » Il est à noter cependant que le mot « commerce » suscite néanmoins des évocations très différentes selon les personnes interrogées. En effet, les commerces sont très positivement associés à des « expériences » chez les urbains et plutôt à un sentiment de « frustration » chez les ruraux. L'ensemble des participants se retrouve toutefois sur un point : un espace urbain ou rural subissant la disparition progressive ou définitive de commerces est inévitablement associé à l'idée de déclin.

Nous pourrions nous arrêter un instant sur cette notion de commerces de proximité chez les ruraux. Si le critère majeur est le temps de trajet automobile[1], certains pourraient affirmer que le supermarché est perçu comme un commerce de proximité, et c'est bien la raison pour laquelle les grands distributeurs cherchent aujourd'hui à créer ce ressenti à travers la mise en œuvre d'une « stratégie de proximité ». Pour les personnes interrogées, cette notion de commerces de proximité correspond à des magasins de détail, des petites surfaces dont le rapport à la rue, au village, au bourg crée une proximité spatiale. Cet attachement marqué aux « petits » commerces (de proximité) est une évidence, mais plusieurs contraintes ont été soulignées au sein des groupes de participants : la raréfaction des petits commerces – de bouche, notamment – en campagne : « On en trouve de moins en moins, surtout des boucheries. » Ont été également mentionnées la problématique du coût plus durement ressentie en raison de revenus souvent plus faibles qu'en ville, l'absence de campagne de promotions aussi importantes que dans les grandes surfaces et la « double peine » que représentent les trajets en voiture.

1. Rappelons en fonction des enquêtes qu'entre deux tiers et trois quarts des Français se disent dépendants de la voiture.

Au-delà des différentes mesures d'accompagnement mises en œuvre par les pouvoirs publics – comme le programme Action cœur de ville lancé en 2018 –, le pouvoir d'achat reste aujourd'hui chez ces ruraux la première préoccupation (après la santé), avec comme conséquence une évolution des comportements d'achat, la recherche de promotions ou encore le développement de la seconde main… « On est obligés de descendre en gamme dans pleins de domaine : les gâteaux pour les enfants, le yaourt, moi, j'essaye de réduire les produits d'hygiène. Tout ce qui est bio ou naturel parce que c'est beaucoup trop cher. » La stagnation des revenus a un impact direct sur les stratégies d'achat et d'alimentation avec une inflation perçue de manière plus importante que celle révélée par les chiffres de l'Insee. Pour beaucoup d'habitants des campagnes, la nécessité de revoir certains arbitrages et de changer de marques apparaît comme une nécessité. « Il faut faire des choix, si on veut continuer à boire du café, on fait le choix d'une Senseo… » Les ruraux aimeraient bien évidemment soutenir l'économie locale et les commerces de proximité, pourtant ces derniers sont désormais associés aux « achats plaisirs » et ne semblent plus réellement s'inscrire dans leur « quotidien ».

A contrario, les commerces jouent un rôle essentiel dans les expériences positives de la ville, et sont synonymes de ressentis très positifs : la qualité, la proximité, la vie de quartier, mais aussi l'ambiance, l'animation, la convivialité, etc. « Moi, les commerces, c'est ce qui me fait aimer la ville. »

Plusieurs facteurs expliquent le rôle déterminant et structurant des commerces dans la vie urbaine. Tout d'abord, les « petits » commerces – souvent identifiés comme des commerces de bouche – sont synonymes d'un certain « art de vivre », facteur de réassurance puissant pour les personnes rencontrées : le « bien manger », les « bons produits », le local, les circuits courts, le bio… À travers ce prisme, la fréquentation des petits commerces joue positivement sur les représentations de soi (mode de vie éthique, consommation saine, produits plus savoureux…) : « Moi, c'est pour jouer la proximité, aller dans mon quartier et prendre les produits qui sont locaux, de la région. »

D'autre part, les commerces jouent un rôle important en matière « d'identité ». Ils renforcent le sentiment d'appartenance à un territoire comme lieux de sociabilité, de dynamisme, de pluralité ou de singularité. Ils participent ainsi à façonner les « identités de quartiers » avec des commerçants connus à cette échelle, la surreprésentation de certains produits ou thèmes dans un quartier, et plus largement parce que lors d'événements les commerces de proximité sont porteurs d'une ambiance générale. Ils génèrent également un sentiment d'appartenance chez les habitants. Le fait par exemple d'être identifié et reconnu par un commerçant : « Les commerçants de mon quartier sont très sympas et ils posent toujours des questions. Ils parlent avec nous, et du coup ça maintient aussi le lien. »

Il est par ailleurs intéressant de constater que les commerces sont perçus chez les urbains très souvent à travers une dimension « expérientielle », allant au-delà du simple produit. C'est ici que le marketing rejoint l'individualisme et la quête de sens. En effet, les consommateurs ne consomment pas uniquement le produit ou le service, mais aussi le sens de ce produit. Au-delà de l'identité territoriale du commerce, on consomme pour exister, en construisant son identité, et pas seulement pour répondre à des besoins primaires. Cette dimension peut s'illustrer de différentes manières. Tout d'abord, lors d'événements (fête, dégustation...) : « Il y a aussi ce sens de l'événement, de la dégustation et de l'ouverture de la bonne bouteille avec un produit du quartier à goûter. » Ensuite, à travers des échanges avec des commerçants passionnés : « Dans ces boutiques, on rencontre aussi des spécialistes, passionnés, qui vont vous parler du produit avec plus de détails. » Enfin, avec la mise en valeur de savoir-faire qui permet de dépasser le simple rapport commercial : « Il y a une laiterie qui vient de s'installer à côté de chez moi, c'est hyper intéressant de voir comment ils travaillent, il y a tout un savoir-faire qu'ils mettent en valeur dans la boutique. On les voit travailler. »

Pour toutes ces raisons, les urbains ont l'impression d'être largement avantagés par rapport aux habitants des campagnes en matière de commerces de proximité, tant sur le plan qualitatif, quantitatif, que du point de vue de « l'expérience ». Les urbains auraient donc plus d'opportunités d'échapper à l'hyperréalité sociale et économique, là où les ruraux resteraient majoritairement dans une logique d'achat de simples produits ou services et « scruteraient » avec angoisse, tel Giovanni Drogo du *Désert des Tartares*[1], les risques de disparition du tissu commercial de leur territoire.

Au-delà du risque d'accroissement d'un réel sentiment d'injustice et d'inégalités – le même mécanisme opérant s'agissant de la présence des services publics –, ces différences spatiales pourraient jouer un rôle dans les représentations de soi et creuser ainsi l'écart entre les uns et les autres.

1. Dino Buzzati, *Le désert des Tartares*, Paris, Robert Laffont, 1949.

Frugalité

Dans l'ensemble, le mot « frugalité » est perçu avec l'intention de consommer moins ou de consommer mieux : « C'est une déconsommation consentie, pour la nourriture, les vêtements… Ça peut être compatible avec la santé… » La liberté et l'autosuffisance individuelles se trouvent au cœur de cette conception du bonheur que les cyniques grecs revendiquaient contre les institutions politiques et économiques de leur temps. Ils étaient en effet persuadés qu'avec une vie simple et frugale les besoins de tous seraient toujours satisfaits.

Cette économie de la frugalité désigne dans le monde contemporain la capacité à produire et à consommer mieux avec moins de ressources. Aux États-Unis, dans les années 2000, la consommation minimaliste a émergé en réaction à la surconsommation et à la prise de conscience écologique. Aujourd'hui, c'est un mouvement mondial qui compte des millions d'adeptes, notamment chez les urbains : « C'est axer sa vie sur des expériences et se défaire de bien matériels… » La frugalité semble alors plus largement désigner un mode de vie, une éthique, avec, là encore, une forme d'« holisme ». « Moi, je suis flexitarien, donc je fais attention à ma manière de manger. Pour le reste, comme pour l'avion, je n'ai pas envie de faire d'efforts parce que j'ai l'impression que ça ne sert à rien si ceux qui polluent le plus ne font pas cet effort de leur côté. » La frugalité n'est pas considérée comme une remise en question de l'économie de marché, ni comme une remise en cause des ambitions financières ou professionnelles, mais comme le choix d'un changement de mode de vie consistant à rationaliser les biens matériels et donner du sens à ces actions. « Moi, je prends le train, je vais moins loin en vacances, mais c'est plus conforme à mes valeurs… Je vais éviter les grands complexes et les destinations hyper touristiques. » C'est aussi prendre une photo des objets qui ont une valeur sentimentale et s'en débarrasser, ou acheter des produits usagers plutôt que neufs. « On pourrait par exemple parler de la déco, il y a des magasins qui vendent de la déco à moindre coût, qui n'est pas forcément de qualité et qu'on renouvelle. Maintenant, je suis moins là-dedans, j'essaie d'acheter des choses de meilleures qualités. »

Mais de nombreux Français pratiquent sans le savoir l'économie de la frugalité théorisée par le chercheur franco-américain Navi Radjou. L'économie du partage (Uber, Airbnb, etc.) est déjà présente; le partage interentreprises

(B2B sharing) se développe également ; des hôpitaux peuvent mutualiser leur pouvoir d'achat pour conclure des accords d'achats collectifs avec des fournisseurs et réduire leurs dépenses de fonctionnement. La relocalisation d'entreprises d'une partie de l'activité industrielle française comme le développement de nouvelles technologies (*blockchain*, impression 3D, IA...) favorisent également cette nouvelle économie. Enfin, le développement des entreprises « régénératrices » qui contribuent à régénérer l'environnement améliore la qualité de vie des citoyens, le bien-être de leurs salariés et la prise en compte de l'environnement en général ; ce faisant, elles participent de cette nouvelle économie de la frugalité.

Pourtant, peu de personnes se reconnaissent aujourd'hui dans ce projet de société, bien que des intentions existent, et de façon plus marquée chez les urbains. Dans l'ensemble, le mot « frugalité » suscite des réactions de mise à distance, et beaucoup dénoncent une forme d'hypocrisie autour des discours de limitation de la consommation. D'un côté, les politiques publiques incitent à réduire l'impact de notre consommation sur l'environnement, à favoriser les produits locaux et de saison, à réduire le bilan carbone du transport, et d'un autre côté, les importations de denrées alimentaires ne cessent d'augmenter. « Ils demandent de moins prendre l'avion, et ils font venir les pamplemousses des États-Unis et des avocats du Chili. » De même, certains soulignent le rôle prépondérant de la publicité qui influence nos choix et nos habitudes de consommation. Des campagnes publicitaires exploitent nos émotions et nos aspirations, créant des besoins artificiels et encourageant la surconsommation. « Il y a de publicité à outrance pour que l'on consomme. » Un phénomène de surconsommation auquel on pourrait ajouter d'autres éléments parmi lesquels l'obsolescence programmée, les normes sociales, culturelles, le marketing ciblé... Enfin, on perçoit également le sentiment que les décideurs politiques et économiques ne montrent pas toujours l'exemple. L'exemplarité de ceux qui nous gouvernent est en effet une exigence sociale dans nos sociétés. « Malgré les problèmes d'éthique, je n'ai pas envie de faire d'efforts tant que les grands décisionnaires qui polluent tous plus que moi ne jouent pas le jeu. »

Pourtant, il est intéressant de constater que ces nouvelles pratiques s'installent définitivement et sont finalement préférées aux anciennes. Les urbains ont évidemment plus de facilités à adopter ces démarches en raison notamment de moyens budgétaires plus conséquents en général, mais surtout parce qu'ils peuvent bénéficier d'infrastructures de transports, de mobilités douces, de services et d'activités culturelles de proximité. Cette démarche individuelle devenue collective s'inscrit dans la ville frugale conciliant, par exemple, le désir de mobilité avec la sobriété énergétique, le plaisir de vivre en ville avec l'acte de construire et le désir d'espace et de jardin. « Le seul plaisir que j'y trouve, c'est de faire du vélo. Parce que j'ai eu l'opportunité d'acheter un vélo électrique via la Région. Je n'y aurais jamais pensé, et en fait j'adore, alors que j'étais accro à la voiture ; je mets ma fille dans son siège et je pars, j'ai complètement changer ma façon de me déplacer. » Les urbains se construisent avec la ville frugale, les circulations vertes, les mobilités décarbonnées, la réduction de l'étalement l'urbain, l'écoconstruction… Cette volonté de mieux vivre, de moins consommer, de donner du sens à son parcours professionnel s'est accélérée à l'occasion de la crise du Covid-19.

Chez les ruraux, la notion de frugalité semble absente des discours. Serait-ce parce qu'elle est consubstantielle à leur mode de vie ? Ce que les urbains semblent découvrir en matière de frugalité pourrait bien être une philosophie de vie chez les ruraux, une forme de bon sens que les urbains ont perdu et redécouvrent avec le temps. Bien sûr, pour certaines personnes interrogées dans les territoires ruraux, qui éprouvent des difficultés à se maintenir dans la société de consommation, les discours portant sur la frugalité ont un caractère un peu « inaudible ». « Il faudrait déjà savoir ce que c'est qu'une consommation correcte. On veut bien faire attention, mais on ne peut pas faire beaucoup plus. » D'où le sentiment que ce mot ne s'adresse pas vraiment à eux. Il peut d'ailleurs avoir quelque chose d'indécent pour certains foyers en difficulté : « Moi, la frugalité, je ne peux pas. Quand je passe à table, mon mari me dit : "Encore des pâtes..." Je ne me sens pas concernée. » D'autres mettent en place des pratiques pouvant s'apparenter à des démarches de frugalité mais qui semblent en réalité d'abord obéir à des contraintes budgétaires. Pour d'autres, la frugalité peut être perçue comme un art de vivre, en harmonie avec l'environnement, autosuffisant sur le plan alimentaire ou énergétique. Les néoruraux et les néoagriculteurs qui privilégient la qualité des relations, la solidarité, le troc, le cadre magnifique de travail assument et revendiquent ce choix de vie et ce modèle économique frugal.

Alimentation

Le sujet de l'alimentation apparaît dans notre étude comme étant le catalyseur de nombreuses tendances à l'œuvre dans notre société. Si le fait de se nourrir semble banal, il nous apprend énormément sur nos pratiques culturelles et sur l'organisation de notre société. Nous pourrions commencer par l'alimentation perçue comme un élément majeur de notre identité individuelle et collective. Cette gastronomie française dont l'imaginaire s'inscrit dans le récit national et que l'on trouvait déjà au XVIIIe siècle : « Rien ne paraît si beau aux Français que de voir le goût de leurs cuisiniers régner du septentrion au midi[1] », écrivait Montesquieu dans les *Lettres persanes*.

Une thématique de l'alimentation de plus en plus présente dans les médias dans le cadre d'émissions de vulgarisation, de jeux, de téléréalité qui portent un regard particulier sur nos habitudes et nos pratiques alimentaires, mais qui illustrent surtout les évolutions de notre

1. Montesquieu, *Lettres persanes*, 1721.

société face à l'alimentation. Les contraintes économiques, les modes de vie, les crises alimentaires ou encore l'engagement environnemental ont progressivement transformé nos comportements alimentaires… Notre étude illustre le fait que l'alimentation est le thème dans lequel on observe le plus de différences entre urbains et ruraux quant aux pratiques et représentations. Une alimentation de plus en plus contrainte chez les urbains comme chez les ruraux, mais pour des facteurs différents.

La contrainte économique est pour beaucoup dans les différences alimentaires. Chez les ruraux, le sujet est immédiatement associé à de nouvelles stratégies de restriction en raison de la forte dégradation du pouvoir d'achat. « Ça devient un combat de se faire à manger. » Si l'alimentation dépend de facteurs sociaux et culturels, les disparités économiques restent un élément déterminant. Elle se traduit chez les personnes interrogées par une consommation de viande et de poisson devenue plus rare avec la flambée des prix, une moindre consommation de produits de marque, un repli regretté vers les produits industriels moins onéreux ou des « produits refuges » selon un ratio prix/potentiel nutritif comme les œufs. Ce rationnement des dépenses non essentielles conduit également un certain nombre de personnes interrogées à avoir une attention accrue sur la limitation du gaspillage alimentaire, lequel peut être source de frustration. « On essaie d'en avoir le moins possible parce qu'on paie ce qu'on jette. » De même, en raison du primat de la contrainte financière, les autres éléments d'information, relatifs à la qualité des produits par exemple, obtiennent une place secondaire dans les arbitrages. « Il y a le Nutri-score, mais je ne le regarde pas. »

Si le choc inflationniste a réellement changé les comportements de consommation, il a également développé à l'échelle locale d'autres formes de solidarité extrêmement vertueuses. On peut constater, par exemple, une « entraide entre voisins » pour des légumes du jardin, les restes, la volaille, qui ne semble pas vraiment exister dans le milieu urbain. Les produits du potager, même en quantité limitée, constituent une aide précieuse pour la consommation au quotidien ; d'autant qu'elle permet un approvisionnement dans une catégorie de produits particulièrement affectés par l'inflation. Enfin, la présence de petits producteurs locaux bon marché à proximité (sur les marchés notamment) permet d'accéder également à des produits de qualité. Sans évoquer ici la notion de traçabilité, la consommation d'aliments issus du local est perçue comme un gage de qualité.

Par ailleurs se fait jour un clivage entre habitants des villes et des campagnes s'agissant de la signification de l'enjeu alimentation. Alors que notre étude sur les représentations de l'alimentation fait apparaître le sujet du pouvoir d'achat chez les ruraux, les questions relatives à la santé et aux valeurs écologiques apparaissent comme prédominantes chez les urbains. Si jusqu'à présent la dimension de plaisir dans l'alimentation apparaissait comme une priorité, elle se partage désormais avec la notion de santé. Au-delà des inégalités alimentaires, cette notion s'inscrit depuis plusieurs années dans des campagnes de prévention qui s'imposent progressivement aux pouvoirs publics, aux industriels, aux professionnels de la restauration, comme aux citoyens. Dans ce nouveau couple plaisir-santé, il faut alors trouver un équilibre entre deux notions qui peuvent parfois sembler antagonistes. Cela n'est pas le cas partout dans le monde ; rappelons qu'aux États-Unis l'alimentation est pensée avant tout du point de vue nutritionnel…

De plus en plus, l'alimentation est liée à des questions d'éthique et d'environnement. Nous pourrions affirmer que le lien entre alimentation, santé, environnement, personnalité est inscrit dans notre histoire européenne. La médecine d'Hippocrate était déjà considérée comme un art et une science reposant sur des impératifs alimentaires. Aujourd'hui encore, l'alimentation reflète très directement les modes de vie et les valeurs influencés par l'écologie. « C'est clair aussi qu'on est de plus en plus conscients de l'impact environnemental de nos choix. Les gens veulent réduire leur empreinte carbone, être plus écoresponsables, et ça passe notamment par moins consommer ou consommer mieux… »

Dans l'ensemble, nos sociétés occidentales sont passées de « la nécessité à avoir assez à manger » à « nous devons manger sain ». Nos imaginaires d'urbains ont délaissé la qualité nutritive de la « viande rouge et du sang » au profit du « riz complet, des légumes verts, du poisson, du quinoa, des vitamines, des oligoéléments, des antioxydants… », comme s'ils établissaient une valeur morale à certains aliments aux dépens d'autres, moins vertueux ou plus polluants. À l'image de notre planète, nous devons dépolluer, drainer, régénérer… Les imaginaires évoluent avec le temps. Là où la viande rouge et le vin fortifiaient les travailleurs, désormais, les nouvelles molécules nous garantissent la résistance aux maladies, la vitalité et la jeunesse !

Comme pour les ruraux, l'alimentation apparaît donc aujourd'hui de plus en plus contraignante chez les urbains, mais pour des facteurs très différents. Au-delà de la réduction de la consommation de la viande pour des raisons écologiques et de santé, nous assistons à une recherche de sécurité reposant sur l'imaginaire d'un âge d'or selon lequel « l'alimentation de nos ancêtres était plus naturelle et plus saine ». D'où des comportements plus proactifs en ce qui concerne à la fois la provenance et la composition des produits. « Je pose des questions aux commerçants pour savoir d'où ça vient. Tout ça. Oui, être plus vertueux dans les achats que l'on fait. Regarder aussi les étiquettes, on veut connaître l'origine. Moi, je n'achète pas quand il y a une étiquette E, des colorants aussi, des OGM. » Un discours que l'on entend sur le rejet des plats préparés, et plus généralement une limitation (déclarative…) des produits industriels. Là encore, l'imaginaire collectif ne retient pas les progrès de la maîtrise de la chaîne du froid ou de la pasteurisation, par exemple, mais uniquement le terroir, le naturel ou le paysage champêtre.

Chez les uns, les comportements alimentaires sont dictés par des contraintes économiques, chez les autres, ils s'inscrivent dans un discours holistique qui embrasse le soin du corps, la santé.

Transitions

Transition… Voilà un mot dans l'actualité politique et économique qui pourrait s'apparenter au slogan du programme du Parti socialiste de François Mitterrand qui mena ce dernier à la victoire du 10 mai 1981 : « Changer la vie. »

Ce slogan a marqué les esprits parce qu'il était porteur de changement et de rupture avec le capitalisme de l'époque. Il fut repris par François Hollande en 2012 avec, comme variante : « Le changement, c'est maintenant. » Il y a une symbolique commune des transitions : « C'est changer de modèle, changer de vie… et on pense à l'écologie tout de suite. On pense à la transition politique. Des mœurs, des habitudes, des modes de vie. Et des genres aussi. » Pour autant, ce mot reste encore très associé à l'univers médiatique et politique pour certains. Il ne ressent pas forcément encore dans la vie courante et les gestes quotidiens. C'est un mot que l'on entend, dont la mise en œuvre ou la dynamique ne semble pas encore engagée.

On peut observer dans notre étude que, pour d'autres, la transition ne s'apparente pas

« à une étape à franchir » avec un avant et un après, mais plutôt à une démarche permanente. On retrouvera ici un peu le sens étymologique du mot : « Un passage ou une traversée », et non une rupture. « Pour moi, la transition, ce n'est pas un couperet, c'est un processus. On décide de changer et ça prend du temps, c'est un cheminement [...]. Oui, je suis d'accord, il n'y a pas vraiment d'avant et d'après, c'est un processus permanent. »

Cette lecture peut inquiéter dans la mesure où le principe de transition semble instituer l'idée d'un effort permanent et perpétuel, quasi sisyphéen. « Moi, ça me fait un peu peur, ce mot, parce qu'en fait on nous dit de changer nos modes de vie, et quand on l'aura, on va nous demander de rechanger encore et encore ! C'est comme la mode en fait, ça change tout le temps ! » Le mot « transition » peut en effet inquiéter selon son niveau de temporalité, d'intensité et son champ d'application (énergie, numérique, écologie, politique, transport...).

Pourtant, la notion de « processus transitoire » à laquelle se trouve associé le mot « transition » peut être rejetée par les plus jeunes et les plus militants. À leurs yeux, la problématique écologique nécessite justement un « avant » et un « après », d'où une rhétorique de rupture, voire révolutionnaire : « Je suis d'accord que c'est un peu constamment le cas, qu'on est effectivement en transition, mais là je sens que peut-être en ce moment il y a un élan ou un besoin pour une transition plus radicale, qu'il soit environnemental ou sociétal. Peut-être que c'est la seule solution, qu'il faut aller dans la radicalité. » Paradoxalement, la transition apparaît nécessaire face à des enjeux qui nous effraient et qui pourraient être préjudiciables à notre avenir commun. La transition est ici considérée comme salutaire. Le changement climatique, l'érosion de la biodiversité, la dégradation des forêts, les émissions de carbone sont la conséquence de nos modes de vie actuels, engendrant le stress hydrique, les catastrophes naturelles, les pollutions diverses, la surconsommation énergétique… De nombreuses personnes que nous avons interrogées, notamment chez les urbains, sont convaincues que nous avons besoin des transitions ou, de ce que certains ont nommé, des transitions plurielles, dans l'énergie, le bâtiment, les transports, l'agriculture, les politiques publiques… Des transitions incarnées par un impact écologique et social positif.

Il ne fait aucun doute que les espaces ruraux sont aujourd'hui des acteurs et des contributeurs indispensables à ces transitions (énergie, alimentation, souveraineté économique, transition écologique). Pourtant, un certain nombre de personnes adoptent une posture défensive immédiate : la transition reste synonyme de contraintes (interdiction de certains véhicules, restriction de circulation…) et de coûts plus importants (énergie…).

« S'ils arrivent à faire ce qu'ils ont prévu, là-haut, le gouvernement, et ben… on va pleurer, franchement on va pleurer ! Pour moi, c'est un mot négatif, ça va nous coûter cher. » Ces évocations négatives s'expliquent par l'association directe à la problématique de la voiture individuelle. Avec la mise en place des ZFE, des millions de Français propriétaires d'un véhicule polluant vont devoir en changer. « 38 % des ménages les plus pauvres ont un véhicule Crit'Air 4 et 5[1]. » Bien sûr, de nombreuses aides existent pour changer de véhicule, mais le compte, aux yeux des participants, n'y est pas. L'enjeu le plus immédiat est l'accès aux grands centres urbains en l'absence d'un véhicule adapté, mais aussi l'accès à la voiture électrique à l'aune d'une interdiction des voitures thermiques. « Ça va coûter cher parce que la suppression des voitures thermiques par exemple, ce n'est pas une solution. Les voitures électriques, il faudra encore avoir les moyens de se les payer. »

Si l'innovation est nécessaire dans la transition écologique, elle ne peut cependant pas maintenir notre mode de vie actuel à l'identique, et elle n'est pas parfaite. La voiture électrique n'a pas encore la même autonomie que la voiture thermique, elle génère aussi des

---

1. Benoît Floc'h, « L'interdiction des voitures les plus polluantes, un risque politique majeur pour l'exécutif », *Le Monde*, 19 décembre 2022.

pollutions ; les énergies renouvelables nécessitent un modèle intensif d'extraction minière, les biocarburants consomment des terres arables, l'hydrogène vert est produit grâce à une forte quantité d'électricité et d'énergie fossile… « La voiture électrique, ça peut être très écologique sans l'être. L'électrique, c'est censé être écolo, mais on le fait avec quoi, avec des terres rares dont le coût va augmenter. » Les transitions nécessitent donc des concessions, mais la question posée par les ruraux est celle du partage de la contrainte et de l'équité.

En effet, la transition pour de nombreux ruraux symbolise l'interdit et entretient un sentiment d'inégalité et d'injustice. La limitation des vitesses, les ZFE, le ZAN symbolisent une réglementation anxiogène, ciblée sur une seulc catégorie de la population. Une transition écologique devrait être également une transition sociale. « La transition est spontanément inégalitaire[1] », avait averti Jean Pisani-Ferry. Pour les ménages les plus modestes et une partie de la classe moyenne, les coûts pour changer de véhicules, rénover son appartement, changer son chauffage semblent exorbitants, et les politiques publiques ne compensent pas aujourd'hui ce sentiment d'inégalité. D'autre part, la transition écologique devrait être

1. Jean Pisani-Ferry, « Les incidences économiques de l'action pour le climat : rapport à la Première ministre », France Stratégie, 22 mai 2023.

adaptée à chaque territoire, selon les régions, les départements, les communes... Mais là encore, les COP territoriales, les contrats de relance et de transition écologique (CRTE) et les projets de territoires sont-ils les bons outils pour apporter une réponse politique aux oubliés de la transition ? Même la Convention citoyenne pour le climat qui avait été lancée après le grand débat national a suscité des réactions partagées, tant sur sa représentativité que sur les 149 mesures retenues pour lutter contre le changement climatique[1].

Revenons un instant sur les politiques publiques en matière de mobilité, et plus particulièrement sur le sentiment d'injustice que ressentent les ruraux à l'égard de la régulation automobile en ville. L'ensemble des outils mis en place (plan vélo, requalification de zones piétonnes, développement des transports collectifs en site propre, covoiturage, modération de vitesse, requalification d'espace...) figent une dualité entre les centres et la périphérie. La réduction de la mobilité automobile doit donc être menée concomitamment à l'échelle métropolitaine et régionale, car l'opposition spatiale crée la frustration et l'inégalité. Une inégalité spatiale des politiques publiques de la mobilité, souvent liée à un problème

1. Relevons à l'inverse que ces critiques ont complètement épargné la Convention citoyenne sur la fin de vie.

de gouvernance, et qui engendre également une réelle inégalité sociale. La prise en compte de ces enjeux conditionnera à l'avenir l'acceptabilité de la transition écologique.

Industrie

Notre étude a montré que les imaginaires liés à l'industrie sont nombreux et parfois contradictoires, révélant ainsi que le secteur de l'industrie doit faire face à de nombreux défis, en France.

En effet, depuis les années 1980, la France est entrée dans une phase de désindustrialisation progressive avec une crise des secteurs à faible valeur ajoutée, le choix du développement des emplois de services – la tertiarisation de l'économie –, les délocalisations massives, la dégradation de la compétitivité... L'industrie ne représentait plus que 10,3 % des emplois en 2020 et la part de l'industrie dans le PIB s'établissait en 2018 à 13,4 %, contre 25,5 % en Allemagne, par exemple. Cette réalité conduit à un constat de déclin d'une « France qui tombe » très partagé du secteur industriel avec deux récits complémentaires : une problématique de prix – avec des coûts de production plus élevés – directement associée à la mondialisation, aux délocalisations ainsi qu'à la concurrence de la Chine et, en parallèle, un « abandon politique » de ce secteur fragilisé. « Oui, sur l'industrie nucléaire, on a beaucoup perdu. Comme pour le train, les chaussures, les machines, les outils… » Pourtant, si depuis quelques années de nombreuses initiatives politiques ont été mises en œuvre pour inverser la tendance (réforme du droit du travail, loi PACTE, programmes d'investissement d'avenir, baisse des impôts de production, plan France relance…), les enjeux de la réindustrialisation font face à de nombreux défis.

Parmi eux, on peut relever un sentiment diffus de vulnérabilité face aux crises avec d'importantes désillusions depuis la crise sanitaire du Covid-19 et la guerre en Ukraine qui ont mis en lumière la dépendance de l'Union européenne à des pays tiers pour les médicaments, l'énergie et un certain nombre de produits manufacturés. On relève également un enjeu d'indépendance mobilisé face aux grandes puissances internationales. « Comme on le sait, en France, on manque d'industrie parce que tout a été délocalisé. On a perdu notre indépendance, on ne peut pas rester tributaire des autres pays. » Enfin, le bilan écologique d'une éventuelle réindustrialisation suscite des opinions mitigées. En dépit du caractère a priori polluant et énergivore d'une partie de l'industrie, l'existence d'un tissu industriel local permettrait néanmoins de limiter le transport de marchandises. « Écologiquement, déjà, c'est mieux parce qu'on ne fait pas venir les produits de loin. » Oui à l'industrie, mais à condition de verdir et de moderniser notre outil industriel. Nous constatons une forte attente à l'égard de l'Union européenne, et la France, en particulier, qui impulse une dynamique et des politiques publiques volontaristes et contraignantes sur les enjeux de RSE, nous y reviendrons. Le site du traitement de lithium d'Imerys dans l'Allier à Échassières constitue un exemple concret.

Face à ces enjeux, nous constatons de nombreux défis. Tout d'abord, une forte incrédulité face au projet de réindustrialisation du pays. « On a tous envie que l'industrie revienne, mais on a quand même beaucoup de mal à penser que ce soit encore possible. » L'impression aujourd'hui très partagée est celle de « ne pas faire le poids » face à la concurrence internationale en ce qui concerne soit le prix soit la popularité (Amazon, Google...). « L'industrie française se fait un peu bouffer par Amazon, par la Chine, par tous les géants de ces domaines-là. C'est aussi parce que c'est très difficile de produire à moindre coût en France. » Enfin, de nombreuses personnes interrogées considèrent que le capital en qualité de savoir-faire semble définitivement perdu... « En France, on était les meilleurs pour les machines-outils, et cela s'est perdu... » En effet, 75 000 à 10 0000 emplois sont à pourvoir dans l'industrie, ce qui va nécessiter la mise en place d'une vraie campagne d'attractivité avec le développement de l'apprentissage, la création de nouveaux cursus de formation, le décloisonnement des métiers… Enfin, la réputation du secteur pourvoyeur d'emplois n'apparaît qu'à la marge des témoignages, ce qui s'explique par les tensions sur le marché du travail et la problématique des emplois non pourvus ; la lutte contre le chômage n'étant pas jugée aussi urgente que par le passé. En atteste son effondrement dans la hiérarchie des préoccupations des Français[1].

On devine que la vitalité du secteur industriel apparaît pour beaucoup, et de manière implicite, comme un étalon de valeur de la « puissance » d'un pays, bien plus que le secteur primaire – à faible valeur ajoutée – et le secteur tertiaire, trop immatériel. D'où le fait que la disparition progressive du tissu industriel français semble témoigner d'une forme de déclassement du pays. Il est à noter, comme on l'a vu, qu'un sentiment de détérioration des services publics semble constituer un autre indicateur de cet affaiblissement du pays dans l'opinion. Il convient aussi de constater que l'industrie française a changé de visage territorial, puisque 65 % de l'industrie se trouve maintenant dans les villes de moins de 20 000 habitants, qui ne représentent que 49 % de la population.

1. À la douzième place dans l'enquête Ifop-Fiducial pour Sud Radio réalisée les 3 et 4 décembre 2023.

« Aujourd'hui, quand une usine s'installe en France […], il y a deux chances sur trois qu'elle s'installe à proximité de petites et moyennes villes », déclarait l'ancien Premier ministre Édouard Philippe au Conseil national de l'industrie (20 novembre 2017).

De ce point de vue, le déclin industriel français représente une blessure « narcissique » ou symbolique. Favoriser le « *Made in France* » ou le « *Made in* local ou régional » devrait être le fer de lance des pouvoirs publics qui achètent chaque année 400 milliards d'euros de produits et de services. Par ailleurs, la mise en place d'un « *French business act* » dans les achats publics, l'ajustement de la TVA sur certains produits ou encore le développement de la traçabilité sont des pistes à explorer… Mais on note que cette problématique reste assez abstraite en comparaison des avantages (bien plus concrets) que procurent pour de nombreux Français des importations à moindre coût, dans un contexte de forte inflation.

Dans ce cadre, les produits importés à moindre coût jouent un rôle central dans le maintien d'un certain niveau de confort. Beaucoup estiment qu'une société « *Made in France* » leur serait finalement inaccessible du point de vue des prix. « Oui, je me dis qu'on trouve des prix moins élevés quand ils sont fabriqués à l'étranger, donc on y gagne quelque part. Là où on perd en revanche, c'est sur l'identité. » Peut-être qu'en raison d'un budget moins contraint et d'une sensibilité accrue aux modes de consommation responsables les urbains sont plus enclins à imaginer avoir recours au « *Made in France* ». « Je pense à l'industrie textile, ça reflète notre mode de vie et de consommation. Avant, quand j'étais jeune étudiante, j'allais beaucoup chez Primark… Et maintenant, je préfère avoir quatre pantalons plutôt que dix, que j'ai payés et qui en fait ne sont pas quali… Je suis d'accord pour acheter des produits un peu plus chers mais plus durables. »

Cette logique de durabilité s'inscrit dans l'imaginaire collectif comme un prérequis au futur de l'industrie en France. L'intérêt d'un retour de l'industrie se trouve plus facilement nuancé en raison des représentations négatives associées à ce secteur (empreinte carbone, opacité, conditions de travail difficiles…). Dès lors, l'hypothèse d'un « retour » de l'industrie en France ne semble acceptable que sur des bases renouvelées. Parmi les pistes de réflexion et les propositions, on peut noter la création de labels de produits de longue durée pour dénoncer la surconsommation et l'obsolescence programmée, des avantages fiscaux pour le recyclage, le développement de nouvelles usines « net zéro carbone » ou encore des pénalités RSE sur les importations ; ce que les pouvoirs publics ont appelé la « planification écologique de l'industrie ». « Peut-être que l'industrie idéale, ce serait une industrie transparente, autant sur les moyens de production que sur les investissements qu'elle reçoit, que sur les emplois qu'elle crée ou qu'elle ne crée pas. »

Enfin, au-delà de cette industrie verte, de nombreuses personnes interrogées espèrent un renouveau de la souveraineté industrielle française et européenne sur l'énergie, les métaux, l'agriculture. Elles sont persuadées que cette nouvelle donne industrielle réduira la consommation et sera donc déflationniste, rendant compatible pouvoir d'achat et réindustrialisation.

Paysage

Il est impossible de commencer à réfléchir sur ce thème sans penser aux propos de Roger Brunet dans son ouvrage *Les mots de la géographie,* qui consacre de nombreuses lignes au terme « paysage » : « Le paysage, normalement, n'a pas été créé pour signifier. Il est le contraire d'un monument, il n'est pas l'expression d'un projet mais le résultat d'une multiplicité d'actes [...]. Dans ses représentations comme dans ses éléments, le paysage est d'abord le produit de la pratique, de l'action quotidienne[1]. » Nous aurions pu imaginer que notre étude révélât cette vision du paysage, un lieu aux enjeux multiples : socio-économiques, industriels, écologiques ou culturels... Or il n'en est rien !

La dimension environnementale conduit une majorité de personnes rencontrées à redécouvrir les valeurs du paysage uniquement

1. Roger Brunet, Robert Ferras, Hervé Théry, *Les mots de la géographie,* Marseille-Paris, Reclus-La Documentation française, 1992.

sous un angle essentiellement défensif, celui d'un morceau de nature à préserver, un patrimoine à conserver. Dans l'imaginaire, le mot « paysage » suscite un sentiment de fierté, lié à notre identité et à notre appartenance à un lieu. C'est tout d'abord une perception subjective qui nous renvoie à notre histoire, à notre vécu : « La France est tellement belle. Quand on voyage à pied, on découvre des paysages fantastiques. »

Les paysages français, qu'ils soient urbains ou ruraux, sont associés au mot « patrimoine » dans la mesure où il représente un capital national, régional ou local. Sans surprise, ils constituent un levier de réassurance, « une chasse au déclin ».

Le philosophe Gaspard Koenig a illustré cela en affirmant sur France Bleu Berry, le 10 juillet 2020 : « On voit changer les paysages, les accents, les pierres. C'est très intéressant parce que je prends le temps de mieux voir, d'affiner mes perceptions. On se rend compte que les identités régionales ont perduré au-delà des découpages administratifs. »

Enfin, dans ce qui est exprimé dans notre étude, il y a aussi le rapport au beau et à la nature, le paysage comme imaginaire d'une vie simple, loin des vices et des artifices du monde urbain ; comme si paysage, nature et habitants se fondaient dans le même décor… Ce ressenti s'est avéré très partagé pendant le premier confinement à cause de l'apparition du Covid-19.

Ainsi, dans l'édition du baromètre Ifop pour Familles Rurales réalisé en décembre 2020[1], ainsi que dans l'enquête menée en mai 2023[2], l'ensemble des Français interrogés, à l'image des habitants des communes rurales, citaient comme principales motivations de l'installation à la campagne le bénéfice de paysages préservés et le contact avec la nature.

Nous ne sommes pas loin de la Nouvelle Héloïse du philosophe Jean-Jacques Rousseau[3] pour qui le paysage représente la nature et la liberté. Un paysage à préserver, faisant naître de nouvelles craintes liées aux problématiques de nuisance, d'enlaidissement (cf. les discours sur la « France moche ») ou encore de pollution.

Chez les ruraux se fait jour l'impression que la « ville prend le pas sur la campagne » avec un phénomène d'urbanisation croissant. On devine qu'il s'agit à la fois de dénoncer une évolution quantitative (la multiplication des constructions) et qualitative (des codes

1. Ifop pour Familles Rurales, « Territoires ruraux : perceptions et réalités de vie », un échantillon de 1 006 personnes, représentatif de la population française, et un échantillon de 1 502 ruraux, représentatif de la population française rurale, interrogées en ligne du 10 au 18 décembre 2020.

2. Ifop pour Familles Rurales, « Territoires ruraux », 2023, rapport cité.

3. Jean-Jacques Rousseau, *Julie ou la Nouvelle Héloïse*, 1761.

esthétiques) en rupture avec des constructions traditionnelles. Si certains de nos interlocuteurs, les anciens résidents, déplorent le « laxisme » des instances en charge de réguler les nouvelles constructions, les jeunes propriétaires se plaignent, quant à eux, de la sévérité des documents d'urbanisme et des normes environnementales qui viennent augmenter le coût de la construction. Quoi qu'il en soit, l'artificialisation des sols, l'étalement urbain apparaissent comme des préoccupations croissantes pour de nombreux habitants dans les zones rurales. « Ce qui a changé, ce sont les habitations, les routes, les constructions. La ville prend le pas sur la campagne… Le paysage que je connaissais se restreint. »

Si l'attractivité grandissante des espaces ruraux crée des conflits d'usage, l'implantation des éoliennes suscite des réactions négatives, sur le plan esthétique d'abord, mais aussi quant à l'aménagement du territoire. Nous touchons ici les limites de la notion de paysage entre bien commun d'intérêt public et gestion d'intérêts privés. En effet, alors que l'implantation d'éoliennes sur les terres agricoles représente aujourd'hui une source de revenus significative pour les agriculteurs et peut sembler nécessaire au mix énergétique, elle s'oppose à la définition du paysage comme sentiment d'appartenance, esthétique et héritage culturel.

En ce qui concerne le paysage, il est intéressant de constater que l'image de l'éolien reste bien meilleure chez les urbains : « Il y a aussi d'autres paysages, je trouve, qui évoluent beaucoup aujourd'hui. Ceux avec les parcs éoliens. Qu'on aime ou qu'on n'aime pas, peu importe, mais ça se transforme. »

Enfin, les ruraux notent une dynamique positive de « restauration » des paysages naturels pour laquelle les pouvoirs publics et les agriculteurs jouent un rôle essentiel. Certes, les agriculteurs ont dû façonner techniquement le paysage pour atteindre l'autosuffisance alimentaire et augmenter la production après la Seconde Guerre mondiale, la situation aujourd'hui a évolué : à la destruction des haies, l'agrandissement des parcelles, la disparition de l'entretien de l'espace rural s'est substituée une politique publique de replantation des haies, de reboisement, d'intégration des bâtiments dans le paysage rural… « J'ai remarqué qu'autour des champs ils commencent à remettre des haies. On les a forcés à les enlever il y a quelques années et maintenant on les subventionne pour qu'ils en remettent. C'est bien pour la biodiversité. »

Si la dimension du quotidien est importante dans l'imaginaire du paysage, elle s'inscrit encore plus fortement chez les urbains par l'expérience et le ressenti. Un ressenti qui peut se caractériser par des sentiments liés à la beauté et au confort vs hostilité et contraintes. Pour les urbains, le paysage est un décor fascinant, mais qui peut se révéler menaçant ou contraire à certaines valeurs. Par exemple, notre étude montre une condamnation unanime des sorties de villes (zones commerciales, industrielles…). Il s'agit de dénoncer cette « France moche » pour des raisons esthétiques, mais aussi indirectement pour des raisons éthiques dans la mesure où ces zones périphériques représentent un mode de vie qu'ils condamnent en raison notamment de leur impact environnemental. « Un truc qui s'est vraiment dégradé, je trouve, ce sont les zones commerciales et industrielles qui sont de plus en plus moches et impersonnelles, avec ces grands blocs et parkings à perte de vue… » Nous relevons la même critique envers les paysages « pollués » par des messages publicitaires ; un sentiment pour certains d'autant plus mal accepté que ces messages existent également sur Internet.

Enfin, pour les urbains, le paysage de la ville doit se vivre comme un changement de décor, une multitude d'expériences sensorielles qui participent au « bien-vivre » individuellement et collectivement.

Il s'agit de développer des perspectives urbaines ouvertes sur le ciel, des espaces végétalisés qui procurent un sentiment de calme, d'intimité, de fraîcheur dans le contexte des risques d'îlots de chaleur, des cours intérieures d'immeubles, des placettes publiques ou des quartiers qui favorisent un sentiment d'unicité et d'identité. On pense aussi à la possibilité d'avoir en gestion des pieds d'arbres qui peuvent favoriser l'initiative individuelle et donner du sens. Tous ces décors façonnent le paysage urbain et notre imaginaire. Ils s'inscrivent dans une recherche d'identité et de bien-être que de nombreuses personnes interrogées ne retrouvent pas aujourd'hui dans les nouvelles constructions urbaines parce qu'elles ne permettent pas de donner à la ville l'ambiance et le charme des quartiers anciens : « Tout se ressemble un peu et ça raconte moins de choses. »

Parce que nous avons chacun un rapport particulier au paysage, notre imaginaire a tendance à vouloir l'inscrire dans l'éternel ou le singulier, alors que la réalité le conduit inéluctablement vers la standardisation, loin de nos cultures et identités d'origine. Pourtant, comme le disait Pierre Dac, « il n'y a rien de plus difficile à consoler qu'un paysage désolé[1] ».

---

1. Citation extraite de la revue *L'os à moelle*, créée par Pierre Dac.

Patrimoine

Le mot « patrimoine » s'inscrit sans surprise dans l'imaginaire historique de la transmission. Nous pourrions ainsi citer cette phrase de Jean Giono : « Nous avons un héritage, laissé par la nature et par nos ancêtres. Des paysages ont été des états d'âme et peuvent encore l'être pour nous-mêmes et ceux qui viendront après nous ; une histoire est restée inscrite dans les pierres des monuments[1]. » Ce qui vient d'abord à l'esprit des personnes rencontrées lors de notre étude relève du patrimoine matériel, et principalement ses grands monuments qui illustrent l'histoire de France. « Les châteaux, les usines. Il y a pas mal de châteaux en Bourgogne. La peinture, la culture, les tableaux..., Versailles, tous les lieux qu'on rattache à l'histoire de France, le Louvre, le mont Saint-Michel... » Il y a aussi ce qui relève du patrimoine immatériel, « comme le langage et les contes qui ne sont pas écrits et qui se

1. Jean Giono, *La chasse au bonheur*, Paris, Gallimard, 1988.

transmettent à l'oral… Le savoir-faire aussi, ça fait partie du patrimoine. Les commémorations également. C'est notre diversité culturelle aussi. »

Aujourd'hui, nous pourrions même affirmer une déclinaison sans fin du patrimoine. En effet, on parle désormais de patrimoine « minier », « portuaire », on patrimonialise un « pays », un village, un fromage, un foie gras, un couteau du Massif central… Comme si le patrimoine était devenu une valeur, une labélisation de qualité et de proximité. C'est un peu comme si le récit national s'était dilué et qu'il avait laissé place à une balkanisation des patrimoines locaux, de proximité, comme si le patrimoine n'était plus que la transmission locale, identitaire, culturelle et cultuelle, comme s'il était question d'un enjeu d'identité et de fierté dans lequel chacun, suivant ses convictions politiques, religieuses, territoriales, peut se reconnaître.

Malgré cette dilution ou cet élargissement de la notion de patrimoine, notre étude montre qu'elle se confond toujours très largement avec la notion d'histoire nationale au sens d'un « héritage historique » (chrétien, monarchique, révolutionnaire…), avec ses « monuments historiques ». La politique patrimoniale de l'État héritée du XIXe siècle cimente toujours la conscience comme le sentiment national. Dans l'ensemble, les personnes interrogées considèrent que ce patrimoine n'est pas vraiment en danger. « Je ne pense pas que notre patrimoine soit laissé de côté ou menacé. » Une exception à ce sentiment néanmoins : l'incendie de Notre-Dame de Paris survenu le 15 avril 2019. Cet événement, vécu comme le plus important de l'année 2019 par les Français dans une enquête Ifop pour Europe 1[1], a suscité une prise de conscience collective sur la fragilité et la valeur du patrimoine culturel : « Ça nous a quand même marqués, cet incendie. Je suis resté incrédule. Dans une cathédrale comme ça, se dire qu'il n'y avait pas de système d'alarme incendie ; et puis moi avant je disais que c'était indestructible ! Ça montre la fragilité de notre patrimoine. » Cette vulnérabilité du patrimoine s'inscrit certainement dans cette prise de conscience, révélée brutalement par la pandémie de Covid-19, que la vie humaine a une fin. Le patrimoine fait partie de notre histoire, de notre mémoire, mais aussi de nos doutes, de nos souffrances… Comme l'a précisé le président de la République le 16 avril 2019 : « L'incendie de Notre-Dame nous rappelle que notre histoire ne s'arrête jamais, jamais et que nous aurons toujours des épreuves à surmonter et que ce que nous croyons, en quelque sorte, indestructible peut aussi être atteint. »

Mais la notion de patrimoine national ne peut éluder celle de patrimoine naturel. Une

1. Ifop pour Europe 1, « Les événements marquants de l'année 2019 », janvier 2020.

notion qui évolue et qui se transforme au regard de l'idée de développement durable et de changement climatique. En effet, pendant des décennies, le patrimoine naturel a été sacrifié sur l'autel de la croissance et du développement économique. Il incarnait un coin de nature, un sentiment de nostalgie, quand il n'était pas mis au service de la société industrielle et de la société de consommation. Ce patrimoine naturel, qui pouvait se transmettre de manière résiduelle, a changé soudainement de nature, sa pérennité étant désormais consubstantielle à notre société. Notre existence dépend d'un écosystème dans lequel le patrimoine naturel est déterminant pour éviter les crises écologiques. Nous ne pouvons plus être dans une logique de transmission du patrimoine naturel aux générations futures, mais dans celle de sa préservation. Nous avons juxtaposé des espaces, des parcs naturels, des écoquartiers, comme si nous allions nous protéger en créant des îlots de patrimoine naturel. Mais face à un patrimoine figé, identitaire, tel que l'on a pu le ressentir dans l'imaginaire des ruraux, nous sommes en train de voir apparaître une autre notion de patrimoine plus « hybride[1] » pour reprendre le mot de la philosophe Gabrielle Halpern. Le patrimoine naturel ne s'inscrit plus dans une logique de sanctuarisation ; en effet,

1. Gabrielle Halpern, *Tous centaures ! Éloge de l'hybridation*, Paris, Le Pommier, 2020.

il convient aujourd'hui de concilier l'habitat, le respect de la biodiversité, les usages, la faible empreinte carbone, les énergies renouvelables. Le développement durable est le patrimoine d'aujourd'hui et demain ! Il favorise une conception dynamique du patrimoine, plus vivante, portée par les urbains. Le patrimoine devient alors une ressource à gérer et à valoriser dans une logique responsable, mais économique. « Eh oui, bien sûr, on en profite en tant que Français parce qu'on est attachés à ce patrimoine. D'ailleurs, les Journées du patrimoine, ça marche super bien, moi, j'adore. » « Quand on voit la queue devant chaque monument, c'est énorme… Comme à Lyon, il y a la fête des Lumières chaque année. On met en valeur le patrimoine. On arrive à attirer avec ça, avec des événements. »

Ce discours détonne de la conception traditionnelle, sacrée ou figée du patrimoine. Il est franchement assumé par de nombreux urbains pour qui le patrimoine représente aussi quelque chose qui peut s'opposer à, l'innovation, au renouvellement. « Et c'est vrai que, pour moi aussi, c'est plutôt négatif, dans le sens où le patrimoine, ça veut dire plein de règles ; ça me fait penser à de vieux schémas de pensée ou on voit les choses comme avant. »

On pourrait également noter dans cette évolution de la symbolique du patrimoine à laquelle on assiste depuis plusieurs années, une dimension politique et idéologique rendant le patrimoine plus « inclusif ». Il s'agit d'inscrire le patrimoine dans une conception sociale et culturelle contemporaine en rupture avec les codes sociétaux passés. Une illustration de cette évolution a été par exemple le retrait en juillet 2020 de la statue équestre de Napoléon, située sur la place de l'Hôtel-de-ville de Rouen. Le maire de la ville, Nicolas Mayer-Rossignol, avait alors proposé de la remplacer par une statue de la militante féministe et anti-colonialiste Gisèle Halimi, ce qui avait suscité de nombreuses réactions. Finalement, une consultation citoyenne avait été organisée en décembre 2021 et 68 % des votants s'étaient prononcés pour que la statue de Napoléon retrouve sa place initiale.

De la tour Eiffel au canal de Bourgogne en passant par le « lavoir où ma mère et ma grand-mère allaient… », le patrimoine national, local ou rural est désormais reconnu comme une ressource possible, nécessaire au développement des populations et à leur croissance économique. Ce patrimoine qui recèle une dimension collective s'inscrit dans la durabilité et, donc, dans la transmission. Il constitue un puissant remède au sentiment prégnant d'affaiblissement de notre pays.

Démocratie

Un sondage Ifop réalisé en décembre 2021 pour le think tank Décider ensemble[1] relevait déjà qu'une majorité de Français (54 %) considéraient que la démocratie ne fonctionnait pas bien en France. L'étude soulignait par ailleurs une dégradation de l'état démocratique du pays sous la présidence d'Emmanuel Macron. Plus largement, le doute sur le fonctionnement démocratique de notre pays se nourrit avant tout d'une crise du résultat : la difficulté croissante du personnel politique à prouver l'amélioration de la vie des Français conduit chez ces derniers à un affaiblissement de l'attachement à la démocratie et à un « à-quoi-bonisme » inquiétant.

Mais le mot « démocratie » ne porte-t-il pas en lui-même ses propres maux, à savoir l'incompatibilité entre le *demos* et le *kratos*, c'est-à-dire entre le peuple et le pouvoir ? Un bon

1. Ifop pour Décider ensemble, « Les Français et l'état de la démocratie : le bilan du quinquennat d'Emmanuel Macron », décembre 2021.

régime démocratique n'est-il finalement pas celui où il ne faudrait pas trop de peuple et pas trop de pouvoir ? Deux crises récentes ont montré les paradoxes français dans notre interprétation et nos attentes de la démocratie. D'abord, la crise des Gilets Jaunes qui a exprimé un fort rejet des élites et le besoin d'une plus grande participation citoyenne dans le processus de prise de position politique. Puis la crise sanitaire avec l'aspiration d'une majorité de Français à être dirigés par l'État central, demandant avec impatience un pouvoir fort et dirigiste. Deux crises qui ont révélé ce que nos participants ont appelé un « recul de la démocratie ». La « non-écoute » du peuple d'une part et une gouvernance de l'action publique de l'autre qui peut conduire à « l'absence de choix ». Notons que ces deux aspects s'avèrent centraux dans les critiques adressées au président Macron. Ce dernier n'écoute pas les Français et a imposé une réforme des retraites uniquement via l'argument TINA[1] et concrètement par le 49.3, véritable boulet dans l'opinion de ce second quinquennat.

Arrêtons-nous un instant sur cette fenêtre trop vite refermée des Gilets Jaunes, celle de cette France oubliée de la mondialisation, de la

1. *There is no alternative*, traduit en français par « Il n'y a pas d'autre choix » ou « Il n'y a pas de plan B », un slogan politique souvent attribué à Margaret Thatcher.

réindustrialisation, des métropoles, de la socialisation, cette France du travail qui paye mal…

Cette France majoritairement ultra-périphérique avait contraint le président de la République à initier le grand débat (15 janvier-15 mars 2019) et fait ressurgir une seule revendication forte : le (RIC) référendum d'initiative citoyenne. Pour des milliers de personnes, c'était un outil nécessaire pour résoudre la crise de la représentation, des corps intermédiaires… Ce fut un flop. Au grand débat succédera quelques mois plus tard la Convention citoyenne pour le climat (octobre 2019-juin 2020) ; une nouvelle méthode consistant à améliorer la démocratie représentative par la consultation citoyenne. 150 citoyens tirés au sort… Une belle idée, mais qui conduisit à un débat de légitimité entre la représentation parlementaire et un parlement de citoyens, entre législatif et consultatif, entretenant une confusion des pouvoirs et un procès en légitimité. Ce manque de lisibilité, entretenu d'ailleurs au sommet de l'État, s'est doublé d'une frustration des participants à la Convention qui n'ont pu dégager un consensus et dont seulement 18 dès 146 les propositions ont finalement été adoptées dans le cadre du projet de loi Climat et résilience. « En soi, on nous joue du pipeau et on fait ce qu'on veut derrière. » Une rhétorique des promesses non tenues qui s'exprime aujourd'hui pleinement. Un désir de démocratiser la gouvernance avec de nouvelles formes de d'engagement et de mobilisation décevantes.

Le deuxième événement qui a pu être interprété comme un recul de la démocratie fut la crise du Covid-19. Il a mis en lumière ce que les personnes que nous avons interrogées ont appelé une problématique de la « lisibilité » et de l'action publique. Jamais une crise n'aura autant mis en lumière le dysfonctionnement de la chaîne bureaucratique, la dichotomie entre le scientifique et le politique, le manque d'anticipation de la puissance publique et la crise de la gouvernance publique, en somme un juin 1940 sanitaire. Cette défiance à l'égard de l'État et de ses représentants a nourri les complotistes de tous bords… « On peut nous dire quelque chose aux infos le soir, et le lendemain ça a changé. Personnellement, j'ai pris l'habitude de ne plus m'y intéresser… »

S'agissant de l'articulation entre les sphères nationale et locale, nous pouvons constater que le mot « démocratie » reste essentiellement associé à l'échelle nationale, voire quasi uniquement, au mode d'action de l'exécutif. Paradoxalement, alors que le niveau municipal et le niveau régional avaient pris de l'ampleur pendant la crise sanitaire auprès du grand public, notamment à travers le ressenti d'une certaine efficacité locale (distribution de masques…), contrastant avec l'impéritie des pouvoirs publics, ces échelons ne sont pourtant jamais évoqués sur ce volet de la démocratie dans notre étude, signe que l'EP reste le principal étalon de valeur de la vie démocratique du pays.

Enfin, ce rejet s'est de nouveau cristallisé avec la réforme des retraites, renforçant l'impression d'une véritable déconnexion entre les institutions du pays – le pouvoir exécutif comme le Parlement – et la volonté populaire. Les Français avaient largement considéré (à 71 %) que la réforme des retraites n'avait pas été validée démocratiquement par l'élection au second tour d'Emmanuel Macron. De là a découlé le soupçon d'un déni de démocratie, caractérisé pour une majorité d'entre eux par le recours à l'article 49.3 pour adopter ce texte, sans qu'il ne soit voté à l'Assemblée nationale. De plus, alors qu'une majorité de Français se félicitaient d'avoir une majorité relative au Parlement, incitant les différentes formations politiques au compromis, cette séquence a mis à mal la majorité présidentielle dans sa capacité à dialoguer et à rassembler.

Si ces trois crises majeures ont illustré l'impression d'un manque d'écoute, il est intéressant de souligner que la démocratie semble encore fonctionner d'un point de vue « formel » (élection, liberté d'expression…). Ce sont davantage les incarnations (manque de bon sens, pratiques…), les modes d'action et les dynamiques qui inquiètent. La guerre en Ukraine qui depuis deux ans attire l'attention du public sur le régime de Vladimir Poutine et qui a installé un récit de combat entre un

Occident démocratique et des régimes autoritaires semble avoir malgré tout renforcé le sentiment de disposer encore aujourd'hui d'un certain « capital démocratique ».

Derrière ce sentiment d'affaiblissement de la vie démocratique, on constate que la symbolique du mot « démocratie » peut avoir un sens différent chez les urbains et les ruraux. Pour le dire autrement, les « points de repère » permettant d'évaluer l'état de santé de la démocratie en France diffèrent selon le lieu d'habitation.

Les urbains évoquent essentiellement un phénomène de violence marqué profondément par les conséquences des manifestations des Gilets Jaunes, mais également par les émeutes urbaines du mois de juin 2023. Tout se passe comme si le sujet de l'ordre public ou le thème de la sécurité étaient de plus en plus prégnants chez nos concitoyens des villes et des métropoles, mais appréhendés à travers le prisme de la perte de l'autorité de l'État. Sans surprise, ce ressenti d'un État qui perd ponctuellement le contrôle de l'ordre public a un impact sur le regard porté sur la démocratie et favorise les tentations de solutions autoritaires.

Les ruraux, polarisés notamment par les difficultés de mobilité, reviennent quant à eux sur le « traumatisme » des contraintes, comme le confinement ou les autorisations de déplacement mises en place pendant la crise sanitaire avec « un sentiment d'absurde » toujours très présent dans les esprits. Pour beaucoup, cet épisode semble avoir donné une illustration concrète et définitive d'une perte de « bon sens » chez les élites politiques. Si la désertification médicale, la fracture numérique, la fermeture des services publics sont des préoccupations prégnantes dans les zones rurales, auxquelles l'État tente d'apporter des solutions, il est surprenant de constater que l'impression d'abandon s'exprime peu dans notre étude. Il peut s'expliquer par une forme de « décrochage » de la vie politique. Tout se passe comme si les ruraux n'exprimaient plus vraiment d'attentes ! Il s'agit peut-être d'une rupture qui semble témoigner d'un « basculement » du monde rural vers un repli territorial, communautaire et familial. Un sentiment aujourd'hui partagé par de nombreux habitants de nos quartiers périphériques…

Désir de sécurité et d'ordre public pour les uns ; sentiment d'abandon et repli communautaire pour les autres. La perception de l'affaiblissement de la vie démocratique dans notre étude illustre la nécessité d'une réelle clarification institutionnelle et politique dans la mise en œuvre des politiques publiques, mais également une évolution des formes d'engagement et de gouvernance au plus près de nos concitoyens.

Identité

L'identité nationale nourrit un imaginaire complexe façonné par une multitude de facteurs historiques, culturels, linguistiques, religieux, géographiques ou encore démographiques. Souvenons-nous des mots de Renan pour qui « la nation, comme l'individu, est l'aboutissant d'un long passé d'efforts, de sacrifices et de dévouements[1] ». Or, cette construction aux multiples dimensions que l'on nomme « identité nationale » semble désuète aux yeux des personnes rencontrées.

En effet, nous semblons être passés d'une identité collective à une identité individuelle. L'identité n'apparaît plus comme une donnée figée, mais comme un élément relevant d'un choix individuel. Figure en outre le sentiment pour les Français qu'il est plus ardu de trouver sa place dans la mesure où les « options identitaires » et les « options communautaires » sont plus nombreuses et plus accessibles

1. Ernest Renan, *Qu'est-ce qu'une nation ?*, Paris, Calmann-Lévy, 1882.

qu'auparavant du fait des réseaux sociaux. Il semble donc de plus en plus difficile d'utiliser l'identité nationale pour promouvoir l'unité et la cohésion sociale. Mais arrêtons-nous un instant sur ce mot « identité ». Nous pourrions penser que cette notion est à jamais figée, mais ce serait certainement alors oublier la phrase célèbre du philosophe grec Héraclite : « On ne peut entrer deux fois dans le même fleuve. » L'identité n'est donc pas définie une fois pour toutes. Notre enquête révèle par ailleurs des différences de perception entre ruraux et urbains.

Les ruraux conservent aujourd'hui une approche très concrète de la notion d'identité, façonnée par l'environnement, les modes de vie, le patrimoine, et bien évidemment l'ancrage territorial… Dans l'ensemble, l'identité reste entendue dans sa dimension holistique à travers des groupes d'appartenance, des codes, des fréquentations, l'implication dans un réseau local caractérisé. Néanmoins, de nombreuses personnes interrogées nous ont fait part d'un conflit au sein des nouvelles générations entre la notion d'identité liée aux modes d'existence dans les milieux ruraux et les aspirations que peuvent nourrir les réseaux sociaux. Cette dichotomie semble s'être considérablement accélérée depuis la crise sanitaire : « On a de plus en plus de mal à se retrouver. Après le Covid-19, ça a tout changé. » Un constat que l'on retrouve également dans le moindre sentiment d'appartenance aux structures locales et dans un moindre investissement personnel dans ces dernières. Les personnes interrogées citent notamment l'exemple des clubs de sport avec l'impression que les nouvelles générations « consomment » l'offre de sport sans participer à la vie du club.

Chez les urbains, notre étude montre que l'identité fait également partie de ces notions qui perdent leur caractère « évident » et qu'elle se caractérise aujourd'hui par une dimension individuelle assumée. « L'identité, selon moi, c'est quelque chose qui est de plus en plus individuel et qui contient beaucoup plus de liberté qu'avant. Autant avant c'était peut-être quelque chose de collectif qui nous était un peu, entre guillemets, imposé, que ce soit par nos origines, le lieu où l'on habite, notre famille, la profession qu'on exerce, et tout cela ça a fondé notre identité. C'était hérité, c'était l'objectif. Maintenant dans la société on va dire "moderne", "très individualiste", c'est davantage cette notion d'identité comme individu, qui, je pense, existait beaucoup moins avant, qui vient avec. » Au-delà de l'aspect individuel, on constate un fort désir de liberté dans ce rapport à l'identité. C'est-à-dire cette capacité de choisir, de décider et d'agir sans pression extérieure; cela permet aux identités de se revendiquer davantage, dans le cadre, par exemple, d'une quête ou plus précisément d'une enquête à propos de soi... Mais ce phénomène peut être aussi une source de questionnements et d'incertitudes. On le voit avec les sujets qui restent sensibles, notamment celui de la question du genre : « Tu ne te définis pas forcément par ce que tes parents t'ont dit à la naissance, mais par ce que toi tu ressens, et je trouve que pour un enfant c'est super compliqué. »

Finalement, cette mutation de la notion d'identité qui semble se dessiner autour des libertés et des choix individuels vient percuter, voire évincer, la notion d'identité française.

C'est la conception républicaine de la nation qui semble remise en cause. Ce mouvement s'inscrit dans un rejet plus général des « identités collectives » qui peuvent avoir quelque chose « d'étouffant, d'enfermant » avec un référent qui semble « lisser » les particularismes et les fractures. Pour certains, l'identité nationale est une notion préemptée par les seuls partis conservateurs, alors « que l'identité doit se vivre et non pas se revendiquer ». Pour d'autres, c'est une coquille vide à « l'heure de la mondialisation… ».

En dépit du malaise que peut susciter la notion d'identité française, notre étude montre que le sentiment d'appartenance à la culture française reste présent, d'où la volonté d'un certain nombre de sondés de trouver un terme moins connoté, moins chargé, en matière de représentation et d'appartenance. Le mot « culture » est apparu à plusieurs reprises dans le but de se substituer au mot « identité »…

« Pour parler de mon sentiment d'être française, j'aimerais bien avoir un autre mot que celui "d'identité" en fait ! Peut-être que le mot "culture" conviendrait mieux, comme culture française par exemple. »

Le temps d'une transformation de l'identité narrative collective est peut-être arrivé. De la culture commune naît l'appartenance… Et comme Jacques Bainville l'affirmait : « Le peuple français est un composé. C'est mieux qu'une race. C'est une nation[1]. »

1. Jacques Bainville, *Histoire de France*, Paris, Fayard, 1924.

Voisins

« Le voisinage commence là où s'arrête la famille. Dépourvu de toute obligation de se rencontrer ou de se parler, le voisinage est une sorte d'union libre[1] », affirme la philosophe et psychanalyste Hélène L'Heuillet. Sans surprise, le mot « voisin » donne lieu à des évocations extrêmement polarisées entre des relations potentiellement problématiques et subies (tensions, conflits, nuisances), des relations pouvant présenter un intérêt (« Je pense à l'entraide ; est-ce que vous avez une perceuse ? Pouvez-vous en mon absence donner à manger au chat, arroser mes plantes ? »), mais aussi de l'indifférence, notamment chez les urbains (« Je ne les connais pas, chacun sort à son heure et on ne se croise pas. »).

Les voisins sont à la fois anges et démons. Les voisins sont ceux qui peuvent nous dépanner, que l'on peut contacter en cas d'urgence, mais également ceux qui nous dérangent, ceux

---

1. Hélène L'Heuillet, *Du voisinage. Réflexions sur la coexistence humaine*, Paris, Albin Michel, 2016.

qui nous dénoncent et ceux qui nous massacrent. En effet, les massacres dans l'histoire entre voisins sont nombreux : ce fut le cas pour celui de la Saint-Barthélemy en 1572 où des catholiques ont massacré leurs voisins protestants ; ce fut le cas lors du génocide vendéen entre 1793 et 1796 ; ce fut aussi le cas avec les dénonciations pendant la Seconde Guerre mondiale qui ont contribué à la mort de nombreux Juifs ; ou encore lors du génocide des Tutsis au Rwanda en 1994... Comme si les voisins représentaient parfois cette différence sociale, culturelle, économique insupportable. Une question qui nous conduit alors à penser « les voisins » dans une dimension éthique et sociale ; cela vient à interroger le vivre-ensemble, la coexistence humaine, les valeurs de notre République. Cette notion s'inscrit aujourd'hui dans le déclin des solidarités, la faiblesse de nos institutions (services publics, syndicats, partis politiques...) et du modèle laïque de l'organisation de l'État. Comme si « les voisins » s'inscrivaient désormais dans le choix apaisé de communautés sociales, ethniques, religieuses, territoriales, locales. Mon voisin a une identité commune avec moi ; je me protège et me défends par le libre choix de ma communauté, ce qui à terme remet en question la notion même de nation issue de la Révolution française et basée sur le contrat social. L'idée du voisinage comme communauté ne cesse de s'imposer.

À cela peut s'ajouter l'impact de la mondialisation, du cosmopolitisme et de l'évolution des technologies qui affaiblit la notion de « voisins ». Comme si notre vie sociale se caractérisait par une « superficialité éphémère » faite de réseaux sociaux, de mobilités des personnes et de flux informationnels. Comme si notre mode de vie, notre comportement social dépendaient plus des réseaux sociaux, de la transformation de nos habitudes de consommation par Internet que de la cohésion sociale et territoriale.

Les urbains semblent plus reliés à leur réseau social qu'à leurs voisins. On peut observer également que le renouvellement des populations, le fait que l'on soit plus mobiles aujourd'hui, quc l'on passe plus de temps au travail… entraînent des difficultés à nouer des relations durables et fondamentalement, à « s'investir » dans les relations de voisinage en raison d'un « turnover » important. « Il y a plus de brassage, de déménagement… Le truc, c'est comme il y a beaucoup de mouvement en ville, on se connaît depuis moins longtemps et on fait peut-être moins d'efforts. Ce sont beaucoup de locataires qui viennent et qui partent, on s'investit sans doute moins. » Ce constat semble très largement aggravé dans les quartiers les plus concernés par les locations de courte durée de type Airbnb. Pour beaucoup, à la différence des ruraux, le fait de croiser ses voisins régulièrement ne permet que rarement de donner lieu à de véritables rencontres. Ces dernières sont occasionnées dans deux cas de figure : d'une part, les problèmes de copropriété, « c'est quand il y a une fuite d'eau que l'on se rencontre vraiment », et lors de la fête des Voisins. Le problème de l'isolement occupe une place très importante chez les urbains avec des interrogations sur la capacité des personnes âgées à garder le lien social. « Bien vieillir, c'est être bien entouré. Je vois beaucoup de personnes âgées qui sont loin de leurs enfants, loin de leur famille, donc c'est compliqué… Le problème, c'est que les jeunes sont plus mobiles, et on a aussi moins de moyens. »

Enfin, les urbains reconnaissent un degré de confiance moindre par rapport aux relations de voisinage en campagne. « Et puis, à la campagne, ils se font confiance plus facilement. En ville, il y a trop de monde. Ici, je ne laisserais pas mon colis devant ma porte d'entrée par exemple. » C'est ce que l'on pourrait appeler « l'effet contextuel » du voisinage. Dans des quartiers à fort taux de chômage, de pauvreté ou de criminalité, le comportement des résidents change ; le voisinage exerce donc des effets sur la qualité de vie. Cela peut aboutir à la stigmatisation de certains quartiers, à la base de nombreuses discriminations.

Chez les ruraux, on peut aussi constater parfois une dégradation du lien de confiance au cours des dernières années, avec l'impression que les relations de voisinage ne sont plus aussi développées qu'auparavant, qu'il est à la fois plus difficile de faire confiance et de rendre service. « C'est plus la campagne que c'était. Moi, je suis revenue à Mirebeau au bout de vingt-trois ans, on se connaissait tous, on était tous proches et ce n'est plus le cas. Il y a beaucoup de gens qui viennent de Dijon et il n'y a plus cette entente. » Il est intéressant de constater que ce ressenti d'une dégradation de relations de voisinage semble se produire sous l'effet de « nouveaux habitants » venus des villes. « Avec les gens de la ville, ce n'est pas la même chose… Déjà il faut qu'ils s'acclimatent, qu'ils arrêtent de vous faire un procès pour un coq qui chante. » Il est à noter que cette réflexion fait suite à plusieurs faits divers survenus dans de petits villages de France. On se souvient du procès intenté sans succès au coq Maurice, accusé de chanter trop fort ou trop souvent à l'île d'Oléron, des plaintes contre le chant des grenouilles dans une commune du Pas-de-Calais, ou de cet éleveur du Cantal condamné à payer 8 000 euros à ses voisins en raison d'un « trouble anormal du voisinage » provoqué par l'odeur de ses vaches. Ces conflits de voisinage mettent en scène l'imaginaire d'une France bucolique, mais qui ont une moindre incidence que les conflits d'usages sur les questions d'infrastructures : installation d'usines de traitement de déchets, tracé de routes, de voies ferrées, construction de tunnels (comme le tunnel du Somport, dans le Béarn), d'aéroports (avec le cas emblématique de Notre-Dame-des-Landes), carrières, installation de parcs éoliens…

Parce que les relations de voisinage ne sont jamais « choisies », il existe bien dans nos imaginaires une diversité des formes de voisinage et de leurs pratiques que l'on retrouve dans de nombreuses séries télévisées à succès, telles que *Friends*, *Dr House, Les Voisins*… Il semble au travers de notre étude que le voisinage ne soit plus le point central de notre vie quotidienne. Néanmoins, dans la continuité des différentes politiques publiques pour redynamiser les cœurs de villes et de villages, il conviendrait aujourd'hui de proposer une politique publique dédiée à la question du voisinage afin d'appréhender ces différents enjeux.

Conclusion

« Ils sont déconnectés de la réalité, ils ne savent plus répondre à nos besoins et à nos attentes dans les territoires. » Cette phrase illustre bien le ressenti d'une majorité de Français. Ces derniers ne se sentent plus représentés, préférant l'abstention, le vote protestataire, la défiance ou dans quelques cas l'extrême violence. Ce doute à l'égard de la représentation nationale ne semble pas avoir été compensé par un renforcement de la démocratie locale à travers la décentralisation ou les différentes participations citoyennes nationales ou locales. Cette rupture de confiance que certains relient également au non-cumul des mandats affaiblit le lien entre le citoyen et son représentant, crée un fossé entre les élus locaux et nationaux qui ne coopèrent plus, une France d'en haut sans courroie de transmission avec la France d'en bas. Cela nous rappelle évidemment la formule du Premier ministre Jean-Pierre Raffarin évoquant « France d'en haut/France d'en bas ». Une expression utilisée au lendemain de l'élection présidentielle de 2002 et du choc provoqué à l'époque par la qualification du représentant du Front national au second tour de l'élection présidentielle. « La France d'en haut » pour cingler les dirigeants du parti socialiste qui avaient perdu les classes populaires : « la France d'en bas ». Cette sémantique, Jean-Pierre Raffarin la clarifiera dans le journal *Le Monde,* évoquant la République en ces termes : « Pas une République qui se contente de Liberté-Égalité-Fraternité tout en haut sur nos mairies, mais sur le terrain[1]. »

Le 30 juin 2024, lors du premier tour des élections législatives, le RN est arrivé en tête avec ses alliés, avec un résultat inédit de 33 % des suffrages exprimés, 38 candidats directement élus et la qualification dans 451 circonscriptions, devant le Nouveau Front populaire qui se qualifie dans 400 circonscriptions loin devant la coalition présidentielle. Un premier tour qui poussera à faire bloc dans le cadre de la mise en place d'un « barrage républicain ». Interprété comme une motion de défiance et une sanction envers la personne et la pratique du pouvoir exercé par Emmanuel Macron, il est également le message adressé par « la France d'en bas », dénonçant l'inefficacité et l'injustice perçue de l'État.

1. Jean-Baptiste de Montvalon, Jean-Louis Saux, « L'équipe de "mission" et d'"action" de Jean-Pierre Raffarin », *Le Monde*, 9 mai 2002.

Pourtant, depuis 2002, on a pu constater que les politiques publiques, se voulant plus correctrices et réparatrices envers nos territoires. Elles semblent s'appuyer de plus en plus sur la notion de proximité avec une vision plus locale et transversale, moins sectorielle et verticale… Cela s'est traduit par un pas vers le décloisonnement de l'action publique et le développement de pratiques citoyennes et participatives, comme nous l'avons déjà vu. Néanmoins, cela ne suffit pas. Il semble que les évolutions profondes de la société française comme de la société européenne bousculent les différentes politiques publiques, et plus généralement l'action publique et politique. Le vieillissement de la population, les différentes transitions auxquelles nous sommes confrontés, la transformation de la famille, l'individualisation des modes de vie, la crise du logement, les nouvelles formes de pauvreté, l'amplification des phénomènes migratoires ou encore le retour des souverainetés affaiblissent la dimension collective à l'échelle nationale et locale et notre capacité à élaborer de nouvelles réponses pérennes, non dictées par l'urgence.

Cela pose une question : peut-on encore « faire société » à l'échelle de la proximité ? En travaillant pour ce livre sur les imaginaires des grandes thématiques sociétales, nous avons pu constater qu'entre urbains et ruraux, au-delà d'une réalité objective, les perceptions subjectives varient suivant les territoires. La hiérarchie des valeurs peut même sembler inversée ! Si les urbains sont extrêmement attachés à la valeur de liberté, les ruraux sont aujourd'hui extrêmement sensibles à la notion d'égalité. En effet, pour les urbains, le culte de la liberté s'exprime à travers la possibilité de faire des choix (d'alimentation, de culture, de mobilité, etc.) ; c'est par l'exercice de ces choix que leur citoyenneté se traduit. Pour ce qui concerne les ruraux, l'imaginaire lié aux différentes thématiques sociétales fait part d'un ressenti d'injustice, d'iniquité, d'une souffrance d'absence d'égalité réelle. La dimension spatiale d'éloignement provoque une « peine géographique » qui met à mal et qui fragilise le sentiment de citoyenneté. Cette peine géographique empêche les ruraux de faire des choix – ou réduit leur possibilité –, et de fait d'exercer leur liberté.

Cette problématique territoriale se trouvait déjà en germe dans les résultats des élections municipales. De ce point de vue, ce scrutin communal de 1989 a constitué un véritable basculement. Succédant à la franche réélection de François Mitterrand, ces élections ont été marquées, pour la première fois, par un taux d'abstention supérieur à 30 %, un Parti socialiste renforcé, conquérant 35 villes de plus de 20 000 habitants, un vote Verts, obtenant une quinzaine de maires, un vote régionaliste et la multiplication des triangulaires imposées par la progression du Front national. Nous avions vu apparaître de nouvelles forces politiques

(Les Verts, Front national, régionalistes), entraînant la fin de la bipolarisation et la démultiplication des candidats au second tour.

Au-delà de sa spécificité conjoncturelle (crise sanitaire et économique, report du second tour, etc.) qui justifie en partie le taux d'abstention historique (59 %), le scrutin municipal de 2020 s'est inscrit dans le nouveau monde politique territorial, né des élections municipales de 1989. En effet, jamais l'offre politique locale n'aura été aussi variée, illustrant l'éclatement du paysage politique. Contrairement à l'élection présidentielle et au scrutin européen, nous avons assisté à une territorialisation des élections municipales, non pas sur des clivages traditionnels et partisans, mais sur les enjeux de la vie quotidienne.

Ces enjeux avaient éclaté au grand jour à l'occasion de la naissance de deux mouvements parallèles : celui des Gilets jaunes, qui mettait en évidence la nécessité de repenser l'aménagement des territoires ; celui des premières grandes manifestations pour l'environnement, qui revendiquaient notamment une véritable écologie urbaine. S'il y avait un enseignement à retenir de ces élections municipales de 2020, au-delà de la question de la démocratie représentative et de la légitimité de l'élection, ce serait celui-ci : l'aménagement territorial et sa gouvernance ainsi que les enjeux environnementaux devront être impérativement au cœur de la relance économique et politique des prochaines années. Ce ne sera pas l'un ou l'autre, mais la (ré)conciliation des deux qui permettra une relance durable et partagée.

Par ailleurs, si sondage après sondage la défiance à l'égard du politique ne cesse de croître en raison du sentiment d'un déficit de l'action publique, d'une crise du résultat et d'une crise des valeurs, il faut changer le rapport que les citoyens entretiennent avec la représentation politique. Savoir répondre aux différentes attentes des Français, tout en définissant une perspective politique commune, n'est-ce pas finalement ce que Max Gallo appelait le « roman national » ? « Quand la nation cesse d'être une construction historique, qu'elle se réfugie dans ses traditions ethniques ou religieuses, alors le risque est grand de voir réapparaître la xénophobie, le repli sur soi, qui tourne entièrement le dos à notre roman national[1] », écrivait-il. Si les imaginaires actuels peuvent laisser à penser qu'une société fracturée attend une réponse politique catégorielle, il n'en est rien, et cela serait l'un des pires pièges dans lequel notre pays pourrait tomber. La diversité de nos points de vue, les doutes, les interrogations sur les grandes transitions nationales et internationales auxquelles sont confrontés nos concitoyens doivent conduire à imaginer un nouveau récit national. « La force tranquille », « la fracture

1. Max Gallo, « Ressaisir l'esprit du roman national », *Le Figaro littéraire*, 25 septembre 2008.

sociale », « le travailler plus », « le changement, c'est maintenant », « En marche ! » ont su à un moment de notre histoire répondre aux attentes d'une majorité de votants. Les hommes qui ont porté ces combats ont, pour les uns, convaincu, pour les autres, déçus, mais ils ont inscrit leur action dans le roman national.

Aujourd'hui, nos imaginaires, confrontés aux grandes tendances et à la défiance de notre époque à l'égard de nos représentants nationaux, semblent se balkaniser suivant nos besoins, nos communautés ou notre territoire, rendant beaucoup plus difficile la création d'un récit national. Les imaginaires, par leur diversité et parfois leur opposition, peuvent donner le sentiment de fragiliser l'idée de nation, entendue comme cette volonté de vivre ensemble, de se reconnaître comme membre d'une même communauté nationale. Certes, comme le rappelait Emmanuel Macron : « L'histoire nous apprend que le rapport que nous avons avec la nation française est mouvant, qu'il s'est construit dans l'histoire par un permanent dépassement[1]. »

Le temps du dépassement est peut-être arrivé ; le temps des dynamiques positives doit être mis en œuvre, non pas en jouant sur les peurs, mais en partageant avec nos concitoyens des réponses aux défis auxquels notre pays est confronté.

---

1. *La Fabrique de l'histoire*, France Culture, 9 mars 2017.

Le premier défi – le plus important – auquel les citoyens attendent une réponse, illustré par notre étude qualitative, est celui de l'égalité des chances, de la cohésion sociale et de nos territoires. Le deuxième défi est de savoir concilier le besoin de liberté, d'autonomie et l'autorité de l'État. Le troisième défi réside en la clarification de l'exercice du pouvoir politique entre l'État, les collectivités locales et l'Union européenne. Les grandes crises sanitaires, écologiques, sécuritaires, migratoires, financières doivent être affrontées de manière collective par l'Union européenne, là où les collectivités doivent répondre aux besoins de proximité par exemple. Une clarification des compétences est nécessaire, chacune devant être exercée au bon niveau. Le point commun entre ces défis n'est-il pas la crise de l'État et son incapacité aujourd'hui à servir et à protéger efficacement la nation, et donc ses concitoyens ? Un État qui dans notre imaginaire collectif occupe une place si particulière : omniprésent ; une situation que dénonçait la philosophe Simone Weil dans son ouvrage *L'enracinement ou Prélude à une déclaration des devoirs envers l'être humain*, pour qui tout en France avait été « remis entièrement en dépôt à l'État[1] ».

1. Simone Weil, *L'enracinement* ou *Prélude à une déclaration des devoirs envers l'être humain*, Paris, Flammarion, 2014.

Il suffit de regarder la protestation sociale des dernières années – que ce soit celle des Gilets jaunes ou celle des militants défendant la planète –, elle s'est cristallisée autour des échecs de l'aménagement territorial (distance des services publics, dévitalisation des centres-villes, incohérence des mobilités, etc.), du besoin d'une meilleure protection de l'environnement et d'un plus grand respect des habitants. Répondre à ces injonctions contradictoires exigera de la part des pouvoirs publics comme des opérateurs privés de révolutionner leur stratégie territoriale. La question de l'aménagement territorial et de la gouvernance apparaît d'abord d'un point de vue civique et politique. Elle devrait conduire l'État à changer radicalement son logiciel de référence urbain, qui semble constituer le seul lieu de mise en œuvre de politiques publiques. En effet, le pouvoir d'agir ne devrait pas seulement s'inscrire dans le fameux « dernier kilomètre » de nos métropoles, mais dans le « premier kilomètre » de la ruralité.

Le gouvernement a présenté un plan de relance, qui devra sans doute être réadapté à l'aune de l'évolution de la pandémie et de ses conséquences sociales et économiques. En complément de ce plan de relance national devront être imaginés des plans de relance territoriaux, à la fois solidaires et innovants. Une première réponse a été apportée avec le plan Action cœur de ville, en faveur de la revitalisation du cœur des villes moyennes, puis avec les opérations de revitalisation des territoires (ORT), créée par la loi Elan. Mais il faut aller plus loin désormais !

L'ensemble des échelons territoriaux doivent être mobilisés. Pour cela, il faut associer plus étroitement les différents pouvoirs locaux, Régions, intercommunalités, communes et leurs outils de planification territoriale (Sraddet, SCoT, PLU, PLUi...). Mieux articuler les différents niveaux de territoire, comme cela se fait en Allemagne, dans le cadre d'une planification très décentralisée. Les pouvoirs publics doivent aussi s'adapter, en prenant en compte les exigences nouvelles des citoyens. Ils doivent favoriser la conscience des enjeux du développement durable (la limitation de l'étalement urbain, le respect de la biodiversité, l'intermodalité...). Ce nouveau contrat territorial requiert une méthode inédite en France, qui doit consister en une véritable concertation avec l'ensemble des parties prenantes, comme ce fut le cas lors du Grenelle de l'environnement qui tranchait avec méthode de gouvernance centralisée et conflictuelle.

De leur côté, les territoires, affaiblis par la crise et la réduction de leurs ressources financières, devront soutenir leur culture, leurs savoir-faire et leurs singularités. Ce sera le temps de la réparation, mais il faudra aussi que ce soit celui des grands projets : nous devrons retrouver le courage de nos aïeux qui n'avaient pas peur de se projeter dans le temps long et qui construisaient des cathédrales, des ponts, des cités sur plusieurs siècles, sans se soucier de les voir un jour debout et de les inaugurer. Ils avaient confiance en les générations futures qui s'en chargeraient ; c'est ce courage qu'il nous faut recouvrer, c'est cette confiance qu'il nous faut réapprendre.

Il serait faux de croire que les imaginaires sont figés pour toujours, ils évoluent au gré du temps et des crises. La souveraineté par exemple est associée à un imaginaire qui a évolué lentement au cours des dernières décennies, puis brusquement à l'aune des crises sanitaire, énergétique et géopolitique. De la même manière que les imaginaires ne sont pas irréversibles et immuables, notre société peut évoluer et s'inscrire dans un récit collectif et commun. C'est là qu'apparaît tout le sens du rôle du politique : encore faut-il qu'il l'assume et qu'il travaille à l'élaboration de politiques publiques permettant de réconcilier les imaginaires. Pour y parvenir, il s'agit de les faire évoluer en les confrontant à une réalité nouvelle par exemple avec la prise en considération de l'iniquité face aux services publics vécue par les ruraux. C'est par l'action publique que les imaginaires pourront se transformer. Changer la vie… pour changer les imaginaires ! Chiche ?

Présentation des auteurs

Frédéric Dabi est titulaire d'un DEA de sociologie politique et d'un DESS de communication politique et sociale. Il a fait principalement sa carrière à l'Ifop. Assistant chargé d'étude pendant la campagne présidentielle de 1995, il est aujourd'hui directeur général opinion de l'Ifop, premier institut de sondages français. Ses domaines de prédilection couvrent l'analyse des comportements électoraux à travers toutes les campagnes électorales suivies depuis plus de vingt-cinq ans, l'analyse des phénomènes sociétaux et celle des grandes mutations de la société. Il intervient pour le compte de nombreux médias télévisés (TF1 et LCI, France 5 avec *C dans l'air*, France Info, Public Sénat et LCP...), radiodiffusés (Sud Radio, Europe 1, Radio Classique, France Culture, France Inter...) et de presse (le *JDD, Paris Match, Le Monde, Le Figaro, La Tribune, L'Humanité*). Il prend part également à des conférences et des colloques en lien avec les questions d'opinion. En septembre 2021, Frédéric Dabi a publié avec Stewart Chau aux Arènes *La fracture. Comment la jeunesse d'aujourd'hui fait sécession.* Ce livre a été finaliste du Prix du livre politique 2022.

Brice Soccol est titulaire d'un DEA de droit international, diplômé de l'Institut des hautes études internationales et de l'ESSEC. Passionné par la chose publique, l'intérêt général, l'aménagement du territoire, la politique, il a travaillé au Parlement européen puis au sein de différents cabinets ministériels, parmi lesquels le ministère de l'Emploi, de la Cohésion sociale et du logement, puis le ministère de l'Écologie, du Développement et de l'Aménagement durables, en charge des liens avec les collectivités territoriales et les élus locaux. Par la suite, il travailla pendant quatre ans dans un groupe privé avant de créer son cabinet d'aménagement et de développement territorial.

Convaincu que le Grenelle de l'environnement auquel il a participé a marqué en 2007 une rupture dans la manière d'aborder la décision politique en matière environnementale, ses actions s'inscrivent dans cette méthode de concertation publique. Une nouvelle gouvernance qui a permis d'associer les parties prenantes à la concertation, à savoir l'État, les élus locaux, les associations environnementales, et les syndicats de salariés et d'employeurs. Publiant de nombreuses tribunes consacrées au développement et à la valorisation des territoires, il défend l'idée selon laquelle l'ensemble des transitions ne pourront se réaliser que dans un état d'esprit de concertation entre le secteur privé, le secteur public et la société civile.

Parallèlement à cette passion des territoires et de la France, il a coécrit un ouvrage de référence *577 députés à élire. Dictionnaire des circonscriptions* (Paris, SGPresse, 2007), présentant l'historique de chaque circonscription, analysant les enjeux et les rapports de force.

Remerciements

Frédéric D.

Je tiens à remercier chaleureusement Brice Soccol. Mon métier permet entre autres de belles rencontres, et celle-ci en est une. Grâce à Christophe Borgel, j'ai rencontré Brice il y a près de quatre ans, et une amitié est née. J'ai pu apprécier sa bonté, sa patience lors de la rédaction de cet ouvrage, et surtout sa passion pour la chose publique. J'espère que nos échanges se poursuivront après l'aventure de ce livre.

Merci à tous les Français que je rencontre dans le cadre de mes activités professionnelles : leurs réflexions, leurs idées constituent une source d'enrichissement. Merci, dans ce cadre, aux personnes qui prennent le temps de répondre à nos enquêtes quantitatives ou qualitatives et d'exprimer leurs points de vue. Le terme péjoratif de « sondé » ne convient guère à cet investissement en temps, indispensable au fonctionnement démocratique.

Un merci spécial à Gaspard Jaboulay, le talentueux directeur des études qualitatives de l'Ifop qui a réalisé l'enquête point de départ de ce livre.

Une pensée tendre et joyeuse à mes amis sans lesquels je ne serais rien.

Toute ma gratitude à Pisey qui depuis treize ans me supporte dans tous les sens du terme.

Brice S.

Je remercie mon ami Frédéric Dabi pour son amitié, sa gentillesse, et le temps consacré à cette réflexion commune. Quelle joie de pouvoir partager notre passion de la politique, des territoires, des élus, et peut-être tout simplement de ceux qui font et qui façonnent la France.

Merci également à tous les élus locaux que je rencontre quotidiennement, à leurs collaboratrices et collaborateurs, aux représentants de l'État, aux chefs d'entreprise, aux associatifs, à tous les salariés… Merci pour leur travail, leur créativité, leur courage, leur passion d'un territoire dont ils partagent la responsabilité et le développement.

Merci à notre ami commun Christophe Borgel qui nous a permis il y a quelques années de nous rencontrer, Frédéric et moi.

Une pensée particulière pour la philosophe Gabrielle Halpern qui a eu le génie de nous pousser à écrire ensemble cet ouvrage.

Table des matières

Pour limiter l'empreinte environnementale
de leurs livres, les éditions de l'Aube
font le choix de papiers issus de forêts durablement
gérées et de sources contrôlées.

Achevé d'imprimer en décembre 2024
sur les presses de l'imprimerie Firmin-Didot
pour le compte des éditions de l'Aube
331, rue Amédée-Giniès, F-84240 La Tour-d'Aigues

Numéro d'édition: 6129
Dépôt légal: septembre 2024
Numéro d'impression: 182541

Imprimé en France